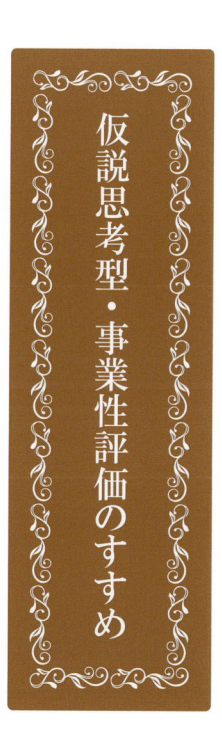

仮説思考型・事業性評価のすすめ

末廣 健嗣［著］

一般社団法人 金融財政事情研究会

刊行に寄せて

　弊社アットストリームグループでは、2006年頃から現在まで、金融機関の若手・中堅の法人営業担当の教育研修を累計で約3,000名以上に実施してきました。テーマは「顧客理解・事業理解に基づくソリューション営業の強化」や「事業性評価に基づく提案営業の強化」などです。

　並行して多くの金融機関における法人営業強化のための戦略・マネジメント・オペレーション基盤強化のコンサルティングの機会をいただきました。テーマは、メガバンクでは「企業実態把握に基づく営業スタイルへの転換と現場への浸透」、地方銀行をはじめとする地域金融機関では「事業性評価の取組みの強化」や「事業支援機能の強化」などです。

　これらの取り組みの背景には各金融機関における次のようなお悩みがあると認識します。

・生き残りのためには「ソリューション営業・提案営業の強化」が必須である（戦略・差別化）
・一方、「足もとの収益確保」や「事業の効率性の維持向上」も必要である（現実・足枷）
・また一方で、金融機関としてのミッション、社員に示すビジョンとして、「顧客起点」「お客様の事業支援」は追求し続けものである（存在意義・ありたい姿）

　金融機関の経営幹部の皆様は、目指す姿と現実との「バランス」をはかりながら非常に難しい舵取りを強いられていると感じています。

「事業性評価ツール」は十分、それ以外の何かが課題

　そのなかで本書は、特に地域金融機関における「事業性評価」や「事業支援」の取組みの在り方に焦点を当てています。

　事業性評価の取組みにおいては、「事業性評価のツール」が見直しの対象にあがることが多くあります。ツールとは、顧客並びに顧客の事業内容を把

握・整理するための入力シートや分析のための資料などです。しかし多くの場合、ツール自体には問題はなく、各金融機関とも必要十分なものを既に兼ね備えておられます。

むしろ近年は、「最大公約数」的に増えてしまったツールの入力・分析項目を「簡素化・絞り込み」する流れにあります。背景には、現場でより理解され、活用されるようなツールにしていく必要がある、という反省・振り返りがあります。

つまり、「事業性評価のツールの整備」は、事業性評価を効果的に推進するための重要成功要因（KSF：Key Success Factors）の1つではあるが、あくまでも1つにすぎないのです。

浸透・定着が難しい、事業性評価の現場での取り組み

では、ほかの何が重要成功要因となるのか。本書の序章において事業性評価の6つの重要成功要因を整理しています。

そして、本書ではそのなかの「事業性評価のプロセス」をテーマにしています。ここでいう「プロセス」とは、「営業現場における事業性評価の進め方、並びに営業現場の上席者や組織全体によるサポートのあり方」と捉えてください。

6つの重要成功要因のうち、それがクリアの難度が最も高い項目だと感じています。その主な理由は次の通りです。

・対象者・人数が多い（最前線の営業担当者、その支援上司、支店・拠点の責任者、本部支援部署）
・スキル・ノウハウを獲得するのに一定の経験数（時間）が必要である
・先述の目指す姿と現実との「バランス」問題が表れやすい

第1章以降の各章では、「会社の事業の理解」「外部環境の分析」など、事業性評価の実施プロセス（ステップ）に沿って、実施上のポイントを説明しています。そのなかで特に大事であると強調しているのが「仮説を立てる」と「仮説の検証」であります。

アナリストではない。仮説検証型でよい。むしろ、そのほうがよい

　研修プログラムや実践支援のなかで必ず申し上げるのですが、金融機関の法人営業担当の仕事は「アナリスト」（分析する人）ではありません。それぞれの企業の経営課題に寄り添いながら、金融機関の立場から、経営者・経営幹部によるより良い経営判断と事業推進を支援することがその役割であると考えます。そのような役割を果たすための手法として事業性評価があります。

　経営課題に寄り添うためには、経営課題を確認・共有することが出発点になります。多くの企業において、それぞれの企業の経営課題が公表されていることはありません。されているとしてもかなり一般化された表現となっているでしょう。

　だからこそ、それぞれの企業の経営課題について仮説を立て、経営者・経営幹部に確認し、経営課題を共有していくことが大切になるのです。仮説ですから、「正解」を言い当てる必要はありません。むしろ、仮説をもとに、経営者・経営幹部から新たな情報や課題認識をいただき、仮説の「修正」をしながら経営課題を整理していく、というくらいがよいと考えます。そのやり取りを通じて、経営者・経営幹部とのコミュニケーションが活発化し、心理的な距離が縮まるからです。

本書をご活用いただきたい方

　以上から、次のような方々に本書をご活用いただくことをお勧めします。

○若手・中堅の法人営業担当者

　本書で紹介されている事業性評価の「あるべきプロセス」を実践において活かしてください。座学での勉強ではなく、実際の担当企業において数多く実践することが肝要です。

　「事業を知り、ヒトを知り、そして、自身の知恵と金融機関の基盤・ネットワークを活かしてお客様の事業を支援する」

皆さんが志されているバンカーという仕事の遂行に必ず役に立ちます。

○法人営業担当者の上席者

　支店・営業拠点の責任者・管理職の方々です。担当者が「陥りがちなプロ

セス」（序章参照）にはまらないように、そして、担当者がよい仮説を立てて、経営者とよいコミュニケーションを進めるための参考として本書をご活用いただければと考えます。経験上、上席者の方々の支援・理解のレベルが高い営業現場では、事業性評価の取組みが活性化します。

○企画部門（施策検討・人事・教育等）の方

本部組織において、さまざまな施策の企画を進める方々です。事業性評価のみならず、営業現場の強化施策に盛り込むべき要素を検討する際の参考にしていただければ幸いです。そして、序章で紹介している「事業性評価の重要成功要因」のための取組みについて、意見交換の機会をいただければ幸いです。

＊　　　＊　　　＊

本書を執筆した末廣健嗣は、公認会計士並びに経営コンサルタントとしての専門知識を背景に、中堅企業・中小企業の業績改善・事業再生に数多く取り組んでいます。その経験と並行して、金融機関の事業性評価の取組みの企画・推進、法人営業強化の研修プログラムの実施に多数従事しています。

それら多面的な経験を踏まえ、事業性評価・事業支援の取組み強化の一助になればとの想いから本書の内容の整理を進めました。

本書の内容が読者の皆様の今後のより良い業務推進、並びに、金融機関と企業とのより良い関係づくりにつながっていくことを願っています。

2024年9月

アットストリームパートナーズ合同会社

理事長・代表パートナー　**大工舎　宏**

はじめに

パブロフの犬〜中小企業の社長と金融機関担当者とのある日の会話〜

社長「うちの会社は営業力が弱くて……」

金融機関担当者Ａさん「（営業力が弱いらしいから）営業人材を紹介します！」

金融機関担当者Ｂさん「（御社の強み弱みは知らんけど）ビジネスマッチング先を紹介します！」

金融機関担当者Ｃさんのモノローグ「営業力が十分に発揮できる組織設計になっているだろうか……。営業部員の業務に非効率はないだろうか……。営業部員の評価制度は悪平等になっていないだろうか……。営業部員の育成はどうやっているんだろう……。そもそも製品別のコストや顧客別の利益は見える化できているだろうか。そのうえで、会社として売りたい商品は明確になっているだろうか……。製造や開発など他部門と営業部門の連携は十分にとれているだろうか……。営業部員の行動管理はどうやっているんだろう……。営業活動の良否に関してPDCAは回せているだろうか……。単に営業人材やビジネスマッチング先を紹介するだけで解決するかもしれないけれど……」

金融機関担当者Ｃさん「一度、御社の事業課題について討議する機会をください」

＊　　　＊　　　＊

　上にあげたシーンはやや極端な例ですが、筆者が金融機関の事業性評価活動を支援していると、ＡさんやＢさんのようなソリューション提案を目にする機会が多々あります。ＡさんやＢさんのように、社長の悩みに対して条件反射的に、問題を裏返ししただけのソリューション提案になってしまっている要因は、事業性評価の本来あるべきプロセスが理解されていないためだと考えられます。

多くの金融機関では、事業性評価ツール（＝インプット）は整備されており、提供できるソリューション（＝アウトプット）もひととおりそろっていますが、事業性評価においては、インプットした情報をどのように咀嚼してアウトプットにつなげるかというプロセスの部分が最も重要であり、かつ、最も難しい工程になります。

　プロセスの理解が乏しいままでは、多忙な金融機関の担当者が、何とか時間を割いて事業性評価ツールを完成させても、刺さらない提案に徒労感を覚え、次第に事業性評価に対するモチベーションが下がっていくことになるでしょう。

　本書は、多くの金融機関担当者にとっての悩みどころである、事業性評価のプロセスについて、現場実務に落とし込みやすいように章ごとに順を追って解説しました。

　事業性評価のプロセスの鍵は、<u>定量分析と定性分析を、仮説思考を用いながらリンクさせること</u>にあります。リンクさせる方法は本書の端々で紹介していますが、一部を紹介すると以下のような考え方になります。

・組織図・商流図・事業構造分析（定性分析）により、企業の事業内容を理解し、財務数値にどのように反映されているかを理解する（定量分析）ことで、企業の事業活動をリアルに想像する。

・企業の財務指標と業界平均指標の比較は、定量分析のゴールではなくスタートであり、定量分析の結果から課題仮説を立て、定性分析によって仮説を検証する。

　皆さんが本書に書かれてあるプロセスの「型」を理解し、実務で実践を繰り返すことによって、Ｃさんのように幅広い観点から事業性を評価し、本当のソリューション提案を目指すようになっていただくことが筆者の願いです。

2024年8月

末廣　健嗣

目　次

第 6 章　経営方針を確認する

第 7 章　経営課題の共有

序　　章

■ 事業性評価の6つのKSF

　金融庁が「金融モニタリング基本方針」（2014年9月）で事業性評価を推奨してから10年が経過しました。この間、各金融機関は試行錯誤しながら事業性評価の取組みを推進してきたと思われます。しかし近年、筆者のもとに多くの金融機関から以下のような相談が寄せられるようになりました。

・自行の事業性評価の取組みがいまのままでよいのか疑問を感じている。

・事業性評価の実施件数は1,000社を優に超えているが、内容が薄く、形骸化していると感じる。

・事業性評価を実施してソリューションを提案したが、対象企業の経営者にどうも刺さっていないようだ。

　これらの懸念を抱いている地域金融機関に訪問し、事業性評価の取組み状況を確認してみると、ほとんどの金融機関で「事業性評価ツール」はしっかりと整備されているのですが、ツール以外の重要成功要因が抜け落ちているために、事業性評価が定着しない・形骸化して経営者に「刺さらない」という状態に陥っていると感じます。

　筆者は多くの金融機関で事業性評価の取組みを支援してきました。事業性評価がうまくいっている金融機関と、そうでない金融機関をみてきたなかで、6つの重要成功要因（KSF）があると考えるようになりました。

事業性評価の6つのKSF
①　経営層の強いメッセージ
②　人事評価との連携
③　事業性評価ツールの整備
④　ソリューションメニューの拡充
⑤　事業性評価プロセス（スキル・ノウハウ）の強化
⑥　営業活動の効率性向上

　以下で6つのKSFについて説明します。

　事業性評価は中長期的な取組みが必要になることから、「①経営層が強い
メッセージを発信」し、施策を継続する必要があります。短期間のうちに方
針がコロコロと変わったり、経営層の熱量が落ちたりしてしまうと、現場の
従業員は「どうせまた方針が変わるから、いまだけやり過ごしておけばいい
だろう」と判断し、取組みが定着しません。

　また、いくら強いメッセージを発信し続けても、「②人事評価」が短期的
な財務成果に偏重したままだと、「結局、財務成果をあげた人が評価される
のであれば、事業性評価などという面倒なことは後回しにしよう」と受け止
められてしまいます。強いメッセージを発信し続けるとともに、人事評価を
経営方針に沿ったものに変えることは経営層の課題といえます。

【本部・現場の課題】

　どの金融機関も、事業性評価を推進する部署（以下、「本部」）を設置して
おり、本部が現場の活動をサポートする役割を担っています。本部の主な役
割としては、事業性評価の質を一定水準に保つための「③事業性評価ツール
の整備」や、事業性評価を実施した企業と経営課題を共有し、その後、ソ
リューションを提供するための「④ソリューションメニューの拡充」があり
ます。これら２つの課題については、どの金融機関も概ね対応できていると
いう印象を受けます。しかし、"ハコ"は作ったものの、"中身"である「⑤
事業性評価プロセス（スキル・ノウハウ）」が弱いために、ツールが単なる穴
埋め作業に陥ってしまい、せっかく準備したソリューションまでたどり着か
ないのが実情といえるのではないでしょうか。研修等を通じて事業性評価の
スキル・ノウハウを底上げすることが本部の課題であり、スキル・ノウハウ
を体得して経営者と真の経営課題を共有することが現場の課題であると考え
ます。「⑥営業活動の効率化」については、「②人事評価」との兼ね合いや、
業務内容の抜本的な見直しが必要になるテーマであることから、どの金融機
関も試行錯誤を繰り返しているという印象です。

　以上、６つのKSFを説明しましたが、本書は６つのKSFのうち「⑤事業

性評価プロセス（スキル・ノウハウ）」に焦点を当てて紹介しています。地域金融機関の皆さんが、実際に事業性評価を実施する際のプロセスに沿うように章立てを構成していますので、第1章から順に読んでいただいたほうが全体像をイメージしやすいと思います。

■ 事業性評価のあるべきプロセス

　各章の構成を説明する前に、事業性評価のあるべきプロセスと、多くの金融機関で陥りがちなプロセスを図表0−1に記載しました。

　「あるべきプロセス」についてはこれから各章で説明していきますが、「多くの金融機関で陥りがちなプロセス」のなかで、特にできていない・もったいないと感じるのは、仮説立て〜仮説検証のプロセスです。特に、仮説立てプロセスの「財務指標分析」が圧倒的に弱いという印象を受けます。このプロセスが弱いために、続く仮説検証プロセスが"仮説の検証"にならず、"事業性評価ツールを穴埋めするために事業内容を教えてもらう作業"にと

図表0−1　事業性評価のプロセス

あるべきプロセス

情報整理	外部環境分析	仮説立て	仮説検証	経営方針の確認	経営課題の共有
過去の蓄積情報を整理する	外部環境分析（定性・定量）を実施する	外部環境分析と自社財務指標分析（定量分析）の結果から、仮説を構築する	定量分析を深掘りするとともに、定性分析を実施し、仮説を検証する	事業構造まで細分化したうえで経営方針を確認する	経営課題の共有と課題に則したソリューションの提案

多くの金融機関で陥りがちなプロセス

情報整理	外部環境分析	仮説立て	仮説検証	経営方針の確認	経営課題の共有
過去の蓄積情報を整理する	外部環境分析の目的・位置づけが曖昧で、穴埋め作業になってしまっている	財務指標分析ではなく財務指標の開示にとどまっている	仮説検証ではなく「経営者に事業の詳細を教えてもらう作業」にとどまっている	事業構造の深掘りが弱いため、「なんとなくの理解」にとどまっている	「経営者に教えてもらった課題」のオウム返し

どまっている印象です。

　筆者は地域金融機関の事業性評価推進担当の方から「色々な地銀の事業性評価を支援してきたと思うが、他行さん含め、自行の事業性評価で特に弱い部分はどこか」と聞かれることがあります。そのときには「財務分析が弱い」と回答しています。皆さんかなり驚かれるのですが、本章で記載している第1章〜第4章のプロセスを一緒に実施していくと、「あのときはあのようにいわれて正直なところムッとしたが、いまはその理由がわかるようになった」とご納得いただけます。このようなギャップが生まれる理由を推測してみると、"事業性評価"の登場により金融機関担当者のマインドが「これまでは数字しかみてこなかったが、事業性評価は数字（定量情報）ではなく事業（定性情報）をしっかりと確認する必要がある」と変化し、定量分析重視から定性分析重視へ振り子が大きく振れたことにあるのではないでしょうか。定量分析も定性分析と同じくらい重要な分析になります。本書を読んでいただくことが、一方向に大きく揺れた振り子をバランスのよい位置に戻す一助になれば幸いです。

▌本書の構成

　本書の構成を図表0−2に示し、先ほど提示した「あるべきプロセス」を再掲します。

　まず、第1章では企業の事業内容を理解する手法として、「組織図」「事業構造分析」「商流図」を紹介します。あるべきプロセスの「情報整理」に該当します。

　続く第2章では、外部環境分析を実施します。本書では、外部環境分析を定性分析と定量分析に細分化し、それぞれの分析手法等を紹介しています。あるべきプロセスの「外部環境分析」に該当します。

　第3章では企業内部に目を向けて定量分析を紹介し、第4章では第1章〜第3章の分析結果を踏まえて仮説を立てる手法を紹介しています。第3章、第4章は、あるべきプロセスの「仮説立て」に該当します。第4章までは、

図表0−2 本書の構成

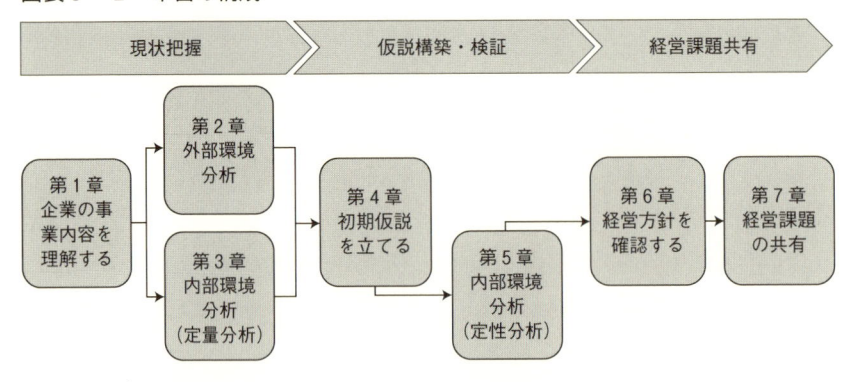

企業訪問前の段階で準備できるプロセスになります。

　第5章は、実際に企業を訪問し、立てた仮説を確認・検証するステップになります。

　第6章では、経営方針を確認し、外部環境や自社の強み・弱みを整理したうえで経営者の方針が妥当かどうかを"評価"します。事業性評価という言葉のとおり、経営者と地域金融機関は対等な立場で議論することが必要で、経営者に"教えてもらう"ばかりでは評価はできません。第5章までのプロセスをしっかりと踏むことで対等な立場で議論することが可能になります。それによって第7章の経営課題の共有につながります。第6章、第7章は、あるべきプロセスの「経営方針の確認」「経営課題の共有」に該当します。

　なお、本書では分析を「外部環境分析と内部環境分析」「定量分析と定性分析」に分類しており、マトリックスで示すと図表0−3のような構成にな

図表 0 − 3　分析手法の分類

	定量分析	定性分析
外部環境分析	・市場規模推移 ・業界平均指標	・PEST分析 ・5 Forces分析 ・アドバンテージマトリックス
内部環境分析	・財務指標分析 ・コスト構造分析 ・費目別分析 ・事業の経済性	・組織図の把握 ・事業構造分析 ・商流図の把握 ・バリューチェーン分析

ります。やや大雑把な分類にはなりますが、皆さんが分析する際に「いまど
この分析をしているのか、他の分析とどう関連してくるのか」をイメージし
やすくなると思いますので、頭の整理のためにご利用ください。

　それでは第1章から順に解説していきます。

第 1 章

企業の事業内容を理解する

図表1－1 企業の事業内容を理解する

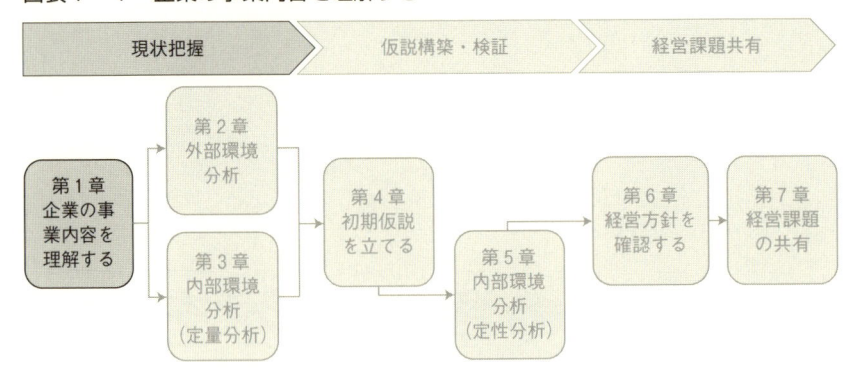

　本章では企業の事業内容を理解するための基本として、①組織図を読む、②事業構造を分析する、③商流図を作成する、の３つのポイントを解説したいと思います。これら３つのポイントは、第２章以降の事業性評価の各種分析につながる非常に重要な要素になります。しかし、筆者が多くの金融機関担当者と接していると、「組織図を入手したが、中身はよく確認せずに企業ファイルに綴じたままにしている」「商流図は新規担当時に確認したが、それ以降は特に利用しておらず、ましてや経営者とのディスカッションに商流図を使ったことはない」「主要な得意先については理解しているが、事業構造という観点で企業の事業をみたことがない」という方がほとんどという印象です。

　組織図や商流図をしっかり把握することで、企業の抱える潜在的な問題点や、将来のビジネス機会を発見できる場合があります。また、事業構造分析は、企業の"現在の"収益の仕組みを理解するとともに、"将来の"方向性を経営者と同じ目線でディスカッションするうえでも必須の情報になります。いわば、事業性評価の土台となる情報になりますので、ここをしっかりと押さえてから各種分析に入るようにしてください。

　それでは「組織図を読む」からみていきたいと思います。

第 1 節　組織図を読む

　アメリカの経営史学者アルフレッド・チャンドラーは「組織は戦略に従う」という言葉を残しました。"戦略が決まらないと、その戦略を遂行するに相応しい組織も決まらない"と解釈できます。戦略というワードは、グローバルに展開する大企業のIR資料ではよくみかけますが、中小・中堅企業（以下、「中小企業等」）の経営者とディスカッションする際には、少し構えが大きい言葉に聞こえてしまいます。

　そこで、ここでは"戦略"というワードをもう少し柔らかく、"経営者が何（どの機能）を重視しているか"に置き換えてみましょう。そうすると、「組織は経営者が何（どの機能）を重視しているかに従う」と読むことができます。機能とは、営業・製造・設計・物流など企業の事業を運営するための各業務をイメージしていただくとわかりやすいかと思います。

　これらは組織図において、部や課として表現されます。つまり、組織図は、"経営者がどの機能を重視しているかを意思表示したもの"と捉えることができます。その企業にどんな部門があるのか（ないのか）、なぜその部門が必要なのか（必要ないのか）、各部門に何人配置されているのか、配置されているのは正社員か、アルバイト・パートタイマー等か、外国人実習生か、従業員の年齢構成はどうなっているか、などを把握することで、企業がどの機能を重視しているかを推測することができます。

　慣れてくると、組織図をみるだけでその企業の日々の事業活動や、企業が抱える問題点を推測することも可能です。また、「事業部制組織」（中小企業等の組織設計としてはそれほど多くはありませんが）と、「機能別組織」のどちらを採択しているのかによって、企業の事業の特徴を把握することもできます。

　言葉だけではイメージしにくいと思いますので、以下で色々な業種の組織図をみながら事業活動と問題点を推測してみたいと思います（事例で登場す

図表1－2　トラック運送業Ａ社の組織図（年商：10億円）

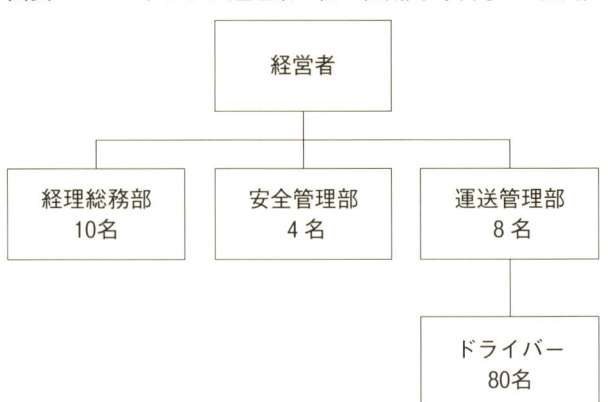

る組織図はいずれも筆者が実際にみたものですが、各社組織図の特徴を残しつつ、年商や部門名称、人数は一部加工しています）。

　Ａ社の組織図から、どのような特徴を読み取ることができるでしょうか（図表1－2）。

　まず、経理総務部が10名と、この規模にしては非常に人数が多い印象です。ここから、"経理業務（請求発行・債権管理・記帳業務など）が非効率になっているのではないか"という仮説を立てることができそうです。その他の特徴としては、安全管理部があることです。運送業を営んでいることもあり、経営者が安全管理を重視していることがうかがえます。運送管理部の業務はおそらくドライバーの手配・運行管理等と考えられます。管理部門1名に対しドライバー10名なので、"管理部門の人数が多すぎる"ということはなさそうです。従業員は102名で年商10億円なので、従業員1人当りの売上高は業種平均の約1,300万円を下回っており、その原因は経理総務部の人数の多さにありそうです。

　続いて年商15億円のアパレル小売業Ｂ社の組織図をみてみましょう（図表1－3）。

　Ｂ社の組織図でまず目につくのは、直営店舗の正社員の多さです。アパレ

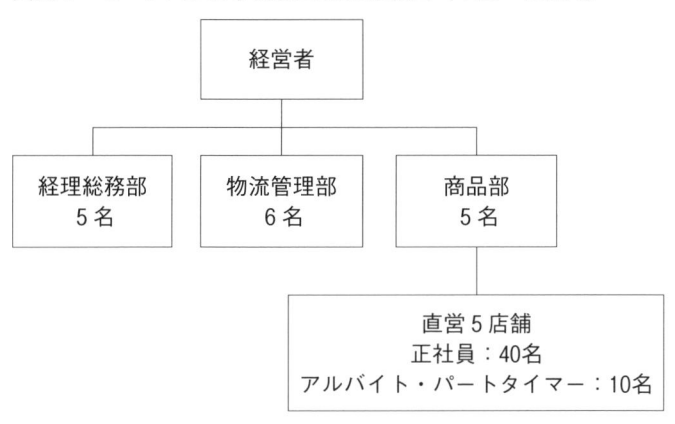

図表1−3　アパレル小売業B社の組織図（年商：15億円）

ル小売業は平日の夕方以降と休日は入店客数が多くなりますが、平日の午前〜夕方は比較的入店客数が少ない業態と考えられます。皆さんも経験があるかもしれませんが、筆者が学生時代に平日昼間にあるアパレル店舗に買い物に行った際、お客さんはほとんどいないのに、店員さんが何人も配置されていたのを記憶しています。このように、曜日・時間帯や季節によって繁忙・閑散の差が激しい業態では、繁閑の波動を変動費（アルバイト・パートタイマー。製造業であれば外注）で吸収するのがコスト効率の面で望ましいといえます。

　B社の組織図では、正社員が40名、アルバイト・パートタイマーが10名となっており、固定費（正社員）の割合が高いため、<u>“閑散期に過剰な人件費が発生しているのではないか”</u>という仮説が立てられそうです。一方で、経営者の方針として<u>“店員を多く配置することで接客対応力を高い水準に保ちたい”</u>、あるいは、<u>“接客レベルを向上させるために、アルバイト・パートタイマーではなく、あえて正社員を多めに採用している”</u>という狙いがあって、このような人員構成にしているのかもしれません。高級ブランドを扱っている店舗ではこのような方針を採用しているケースが多いように思います。このように、仮説を立てる際は、数値面（コスト面）からの推測だけでな

く、ビジネスモデルや経営方針も考慮して多面的に検討する必要があります。

　B社の組織図でもう１つ特徴的な点は、物流管理部があることです。通常、アパレル小売業では仕入先から各店舗に商品が直送されるケースが多いと思われますので、"物流を管理する必要性"は少ないと考えられます。何十店舗も展開している企業や、ネット販売が多額にある企業であれば、店舗間での在庫の融通やエンドユーザーへの発送業務などで物流管理が重要になることは想定されますが、B社は直営５店舗のみの運営です。ではなぜB社に物流管理部が必要なのでしょうか。ここから例えば、"B社では仕入先から店舗に直送するのではなく、一度、本社で受け入れて、各店舗の在庫状況をみながら都度、商品を店舗へ配送しているのではないか"という仮説が立てられそうです。物流コストだけを考えると、仕入先から各店舗へ直送するほうが、仕入先→本社→各店舗と流すよりも安くすみそうですが、あえて後者の物流をとっている理由（仮説）としては、B社の強み（バイヤーの目利き力と在庫管理能力）を活かす経営方針に紐づいているのかもしれません。ここでもやはり、数値面（コスト面）だけで考えるのではなく、ビジネスモデル・経営方針からも推測することが重要です。

　また、上記の物流面の仮説から派生して、職務権限における仮説を立てることができます。もし店長に仕入数量を決定する権限があるなら、店長の発注した商品・数量を仕入先から店舗に直接届けてもらうほうがコスト・納期の面で効率的です。仕入先から店舗へ直送せずに、一度本社に納品しているとすると、"B社では店長には仕入数量を決定する権限はなく、商品部（バイヤー）が企業全体の仕入数量を決定しているのではないか"という仮説を立てることができます。

　店長とバイヤーの権限についての二次仮説が立つと、次の仮説（仮説というよりこの場合は"疑問"になりますが）として、「店長とバイヤーの人事評価はどのようにされているのだろう。商品が売れ残ってしまった場合や、在庫が膨らんで回転期間が落ちた場合は店長・バイヤーどちらの責任になるのだろう」という疑問が生じます。アパレル小売業のビジネスは、売れ筋商品

を欠品させると機会損失が発生する一方で、売れ行きの悪い在庫を多く抱えてしまうとセールで大幅値引きをして在庫を消化することになるため、いかによい商品を適切な量だけ仕入れることができるかが業績を大きく左右します。Ｂ社の場合、この権限を商品部が握っていると思われるので、Ｂ社の強み・弱みを把握するためには、商品部の強み・弱みをしっかり押さえることが重要になりそうです。

最後にもう一例、事業部制組織と機能別組織の観点から事業の特徴を考えてみましょう。

Ｃ社は経理総務部、営業部、製造部と機能別に部門が設計されている、いわゆる機能別組織を採用しています（図表１−４）。営業部門は輸送業担当の営業１課と、建築業担当の営業２課に分かれていますが、製造部門は分かれていません。Ｃ社の組織図からは、以下のような仮説が立てられそうです。

・営業部門を２つに分けている理由：営業活動を行う際に、顧客と密接な関係を構築する必要があるのではないか。例えば、顧客の業種・企業ごとに、必要な営業スキル・商品知識・業界慣行が異なる、あるいは、高い頻度で顧客を訪問して打ち合わせ等を行う必要があるのではないか。そのため、各営業担当者は複数の業種を担当するのではなく、輸送業担当と建築

図表１−４　非鉄金属加工業Ｃ社の組織図（機能別組織）
（年商：40億円）

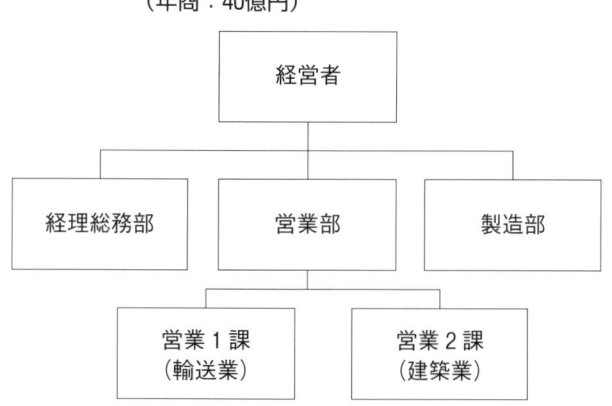

業担当に分かれているのではないか。

・製造部門が分かれていない理由：顧客の業種が違っても、製造に必要な資源（例えば材料・部品、設備や設計・製造ノウハウ等）に違いはないため、製造部門は1つにまとめたほうが効率的に運営できるからではないか（このような特徴を「範囲の経済性」といいます。第3章第2節第3項で後述）。

　以上のような仮説を立ててから経営者へヒアリングすることで、よりC社の事業を深く理解することができるようになります。ヒアリングした結果、製造に必要な資源が輸送業向け製品と建築業向け製品とで大きく異なる場合（範囲の経済性が効かない場合）には、C社の組織図は以下の図表1－5のような事業部制組織に設計しなおすほうがいいかもしれません。

　範囲の経済性が効かないのであれば、製造部門を2つに分けても経営の非効率は起こりませんし、各事業の製造に特化することで「経験効果」（経験効果についても第3章第2節第3項で後述します）が高まり、従来よりも効率的に製造することができるようになるかもしれません。また、各事業部の下に営業部と製造部をセットでもつことで、営業と製造の連携をより強化することができるといった効果も期待できます（例えば、顧客ニーズやクレーム情報が営業部から製造部に届きやすくなる、受注から製造までのリードタイムが短縮する、製品の特性などの製品情報が製造部から営業部へ届きやすくなるなど）。

図表1－5　非鉄金属加工業C社の組織図（事業部制組織）（年商：40億円）

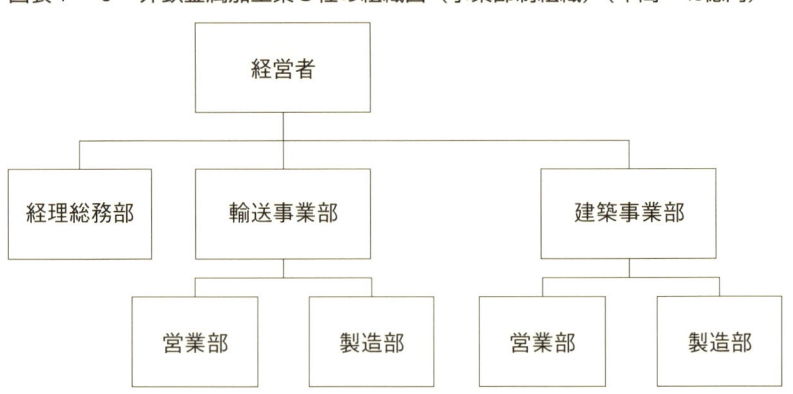

　これまでみてきたように、組織図をしっかり確認することで、企業の抱える問題点、事業活動や経営方針についての仮説を立てることが可能です。組織図を確認せずに企業訪問してヒアリングするのと、組織図を確認し、仮説を立ててからヒアリングするのとではスタート時点で大きな差が出ますし、ヒアリング相手（経営者等）に与える印象も大きく異なります。皆さんも組織図をしっかり確認することを習慣づけるようにしてみてはいかがでしょうか。習慣づけることで、いずれは「組織図をみる」から「組織図を読む」ことができるようになります。みると読むの違いについて、前者は単に絵図として「みる」のに対し、後者はストーリーを想像しそこから仮説を立てる（「読む」）ものということができます。

　「組織図を読む」には、以下の2点が必要です。

(1)　**数多くの業種・企業の組織図をみること**

　さまざまな業種の組織図をみることで、「この業種のこの企業にはこんな部門があるんだ」と知ることができます。この知識をストックすることで、「X社にあった○○部門は同業種のY社にないのはなぜだろう。逆に、X社にはなぜ○○部門があるのだろう」といった疑問（≠仮説）や、「Z社はX社と異業種だけれども、Z社のビジネスでは～～だから、○○部門が必要ではないか」といった仮説（≠疑問）をもつことができるようになります。いわば"組織図の引き出し"を多くもつことで、引き出しストックといまみている企業の組織図を照らし合わせる作業ができるようになります。

(2)　**企業の事業活動と、そこで働く従業員の日々の活動をリアルに想像すること**

　組織図は紙面に記された"経営者の意思表示"にすぎませんが、企業は現場で働く人々の活動によって運営されています。トラック運送業の経理総務、アパレル店舗の現場実務・従業員の日々の活動を想像することで、例にあげたA社（経理総務部の人数の多さ）やB社（店舗正社員の多さ）の課題に気づくことができます。また、企業の全体的な事業活動・ストーリーを想像

することで、B社（物流管理部門の存在）、C社（機能別組織か事業部制組織か）に関して仮説を立てることが可能になります。

第 **2** 節　事業構造を分析する

　組織図に続いて企業の事業内容を理解するための2つ目のポイントである②事業構造分析について解説します。3つのポイントのうち、①組織図や、③商流図は皆さんみたことや作成したことがあると思いますが、②事業構造分析にはあまり注意を払わずに事業性評価に取り組まれている方が非常に多い印象です。ですが、企業の事業内容・収益力を理解するためには事業構造分析は必須のステップであり、次のステップで解説する③商流図を作成する際にも、事業構造分析がしっかりできている方とそうでない方とでは情報量に大きな差が出てしまいます。また、将来の方向性を経営者と議論するうえでもベースとなる情報になりますので、必ずこのステップを踏まえて事業性評価を行うようにしてください。それでは事業構造分析とはどういう分析かをみていきましょう。

　事業構造分析とは、企業のP/Lに計上されている売上高を、①事業の特徴を理解できる切り口（カット）と粒度（メッシュ）で、②製品・サービス面（「製品軸」）と顧客・市場面（「顧客軸」）から分解することです。図表1－6が事業構造分析のサンプルです。

　上の表が、製品軸で事業を"切った"もの、下の表が顧客軸で事業を"切った"ものになります。製品軸や顧客軸のそれぞれの売上推移・粗利率を把握することで、売上に貢献している製品・サービスや顧客・市場は何か、近年伸びている製品・サービスや顧客・市場は何か、利益に貢献している製品・サービスや顧客・市場は何かを把握することができます。

　筆者が事業性評価の活動支援や事業性評価研修の講師をする際には、「この事業構造分析が最も重要で、かつ難しい」とお伝えするのですが、初めはなかなか伝わりません。おそらく「行内資料の企業概要書に載っている情報を転記すればよい」「対象企業のホームページをみれば容易に作成できる」と思われているのでしょう。たしかに、企業概要書やホームページをみれ

図表 1 − 6　事業構造分析サンプル

事業構造【製品・サービス】

事業 （製品・サービス）	売上 構成比（％）	売上高			粗利率（％）
		n − 2 期	n − 1 期	n 期	n 期
A 製品群	○	××	××	××	○
B 製品群	○	××	××	××	○
C 製品群	○	××	××	××	○

事業構造【顧客・市場】

顧客・市場	売上 構成比（％）	売上高			粗利率（％）
		n − 2 期	n − 1 期	n 期	n 期
○○業界	○	××	××	××	○
△△業界	○	××	××	××	○
××業界	○	××	××	××	○

ば、対象企業の事業を②製品・サービス面（製品軸）と顧客・市場面（顧客軸）から分解するという課題はクリアできるかもしれませんが、それだけでは①事業の特徴を理解できる切り口（カット）と粒度（メッシュ）になっていないケースが多くあります。ここでも具体例をあげたほうが、理解が進みやすいと思いますので、ケーススタディとして、事業構造分析の実例をいくつか紹介したいと思います。

ケーススタディ 1 −①

産業用機械部品卸売業D社の事業構造分析

☑　九州地方に本社を置くD社（年商：5億円）は産業用機械部品の卸売業である。

☑　顧客数は70社超あり、顧客からの要望に応じてさまざまな材料・部品を調達・納品している（調達した材料・部品のアセンブリ（組立加工）

を自社で行うこともある)。

☑　顧客から図面を入手して調達することもあれば、自社と顧客で共同
　　設計し、D社で図面を作成してから調達に取りかかることもある。

☑　近年D社の売上は増加傾向にあり、また、同業他社よりも高い粗利
　　率で推移していることなどから、その要因を把握するために地域金融
　　機関の新任担当者の田丸さんはD社の事業性評価を実施することに
　　なった。

　当該地域金融機関はD社と取引関係が浅く（下位行）、かつ田丸さんはD社を担当して間もない時期だったため、筆者が田丸さんの事業性評価を後方でサポートすることになりました。

　事業性評価の取組み開始からしばらくして、田丸さんが最初に実施した事業構造分析（製品軸・顧客軸）は図表1－7のようなものでした。

　まず【製品・サービス】面からみてみましょう。この表から、D社はプラスチック部品や非鉄金属（ステンレス・アルミ・銅等）の部品を主に取り扱っていることがわかります。粗利率が不明になっているのは、一部の部品を自社でアセンブリしており、組み合わせた製品として顧客に納入しているため、部品単位での利益を把握していないことが理由と考えられます。

　次に【顧客・市場】面をみてみましょう。売上上位順に顧客が並べられており、A社・B社で売上の53％を占めています。粗利率は顧客によって大きく違いがあり、C社向け売上は33％も粗利率があることが把握できました。

　以上が、田丸さんが最初に実施した事業構造分析の結果です。

　最初に筆者がこの分析結果をみたときに、「なぜこの切り口と粒度でカットしたのか」を聞いたところ、田丸さんの答えは「行内では普段から金額上位の顧客・製品・仕入先を押さえるように指導を受けている。当社の製品は多種多様で、"製品別売上"が把握できないしD社自身もそのような管理はしていないので、調達部品ごとに仕入金額上位順に作成した」でした。図表1－7の「売上構成比」はテンプレートのため変更できず、悩んだ田丸さん

図表1-7　D社の事業構造分析

事業構造【製品・サービス】

事業 （製品・サービス）	売上 構成比（%）	売上高			粗利率（%）
		n－2期	n－1期	n期	n期
プラスチック部品	30	××	××	××	?
ステンレス部品	25	××	××	××	?
アルミ部品	15	××	××	××	?
銅線	10	××	××	××	?
ゴム	8	××	××	××	?
その他	12	××	××	××	?

事業構造【顧客・市場】

顧客・市場	売上 構成比（%）	売上高			粗利率（%）
		n－2期	n－1期	n期	n期
A社	33	××	××	××	18
B社	20	××	××	××	25
C社	5	××	××	××	33
……	3	××	××	××	15
……	2	××	××	××	18
その他	37	××	××	××	?

は売上構成比の代わりに仕入金額構成比を記載したとのことでした。

　いかがでしょうか。例えば皆さんの後輩がこのような切り口と粒度で企業を分析してきた場合、どのようにアドバイスするか考えてみてください。

　事業構造分析は①事業の特徴を理解できる切り口と粒度（カットとメッシュ）で、②製品・サービス面（製品軸）と顧客・市場面（顧客軸）から分解することです。田丸さんの分析から把握できる"事実"としては、「プラスチックや非鉄金属部品を多く扱っている」「上位2社で売上の過半を超えている」「C社の利益率が特に高い」という点ですが、D社の"事業の特徴"

はこれだけでは理解できません。

　そこで、筆者は以下の観点から事業構造を再度分析するよう促しました。

【製品・サービス】面

☑　D社の製品・サービスを「特注品」と「標準品（汎用品・カタログ品）」に分けるとどうなるか。そもそもD社に「標準品」という分類はあるか。

☑　設計を共同で行う場合があるということは、同じ特注品でも、顧客設計（自社は図面を入手するだけ）のケースと、共同設計のケースがあるはず。当然、共同設計のほうが粗利率は高いはずなので、特注品をさらに顧客設計と共同設計の2つに細分化するとどういう売上構成・粗利率になるか。

☑　モノの売り切り商売だけでなく、アフターサービス・メンテナンスは実施していないか。

【顧客・市場】面

☑　上位2社の構成比率を把握できた点はよいが、得意先単位ではなく顧客業界別に分類するとどうなるか。

☑　直接販売・間接販売で分類するとどうなるか。

☑　顧客のエリアに特徴はあるか。アフターサービス・メンテナンスを実施している場合、遠距離の顧客に対してどのようにサービスを提供しているのか。

　以上のようなフィードバックを受けて、田丸さんが修正してきたものが図表1−8です。

　最初の分析結果では、製品・サービス面は調達材料が金額上位順に並べられているだけでしたが、修正版では汎用品・特注品（顧客設計）・特注品（共同設計）に分類することができました。ここから、D社の粗利率が業界平均より高い要因（特注品が主な事業になっていること）が推測できるようになります。

　また、顧客・市場面をみると、特定の業界への依存度が高いこと、九州地方が主な商圏であることが把握できました。

　アフターサービス・メンテンナンス売上はないとのことでした。D社の商

図表1-8　D社の事業構造分析（修正版）

事業構造【製品・サービス】

事業 （製品・サービス）	売上 構成比（%）	売上高			粗利率（%）
		n-2期	n-1期	n期	n期
汎用品	20	××	××	××	8
特注品（顧客設計）	50	××	××	××	25
特注品（共同設計）	30	××	××	××	20

事業構造【顧客・市場】

顧客・市場	売上 構成比（%）	売上高			粗利率（%）
		n-2期	n-1期	n期	n期
○○業界	50	××	××	××	××
××業界	30	××	××	××	××
その他	20	××	××	××	××

事業構造【顧客・市場】

顧客・市場	売上 構成比（%）	売上高			粗利率（%）
		n-2期	n-1期	n期	n期
九州地方	60	××	××	××	××
中国地方	20	××	××	××	××
関西地方	20	××	××	××	××

品は顧客の機械に組み込まれており、単価も安いため、部品が摩耗したときには買い替え需要があるのみで、メンテナンス等のニーズはないということだと推測できます。いわゆる売り切り商売であり、アフターサービス網を広げる必要がありません。そのことが、中国・関西地方等の遠方にも商圏が広がっている要因の1つと考えられます。

　ただし、中国・関西地方の顧客から来る注文は、汎用品か特注品（顧客設計）のみで、特注品（共同設計）の注文があるのは九州地方の顧客のみとの

ことでした。顧客と共同で設計しようとすると、打ち合わせや訪問の機会が多くなると考えられるため、自然と、近隣顧客（九州地方の顧客）のみが特注品（共同設計）の商圏になるのだと考えられます。

販売チャネル（直接販売か間接販売か）についても、特注品が主力商品であることから、直接販売（自社の営業担当者が顧客と直接商談を行う）が主であり、間接販売は汎用品の受注のみでD社としても間接販売はあまり重視していないとのことでした。

いかがでしょうか。田丸さんに限らず、多くの金融機関担当者と接していると、「顧客・製品・仕入先を金額上位から押さえること」と指導されている印象を受けます。たしかに、金額上位の顧客・製品・仕入先は金融機関担当者にとって必要な情報ですが、それだけでは「事業の特徴を理解する」ことにはつながりません。また、顧客単位・製品単位（D社の場合は部品単位）・仕入先単位で把握するだけでは、"木をみて森をみず"に陥ってしまうおそれもあります。D社の事例から、「金額を上から順に並べればよいというものではない」「細かければ細かいほどよいというものではない」ということがご理解いただけると思います。事業を理解するには、適切な切り口（カット）と適切な粒度（メッシュ）で切ることが最も重要です。

これらの点を踏まえて、もう1社、別のケースを考えてみましょう。

ケーススタディ1−② 旅館業E社の事業構造分析

> ☑ 北海道○○地方に本社を置くE社（年商：5億円）は旅館業を営んでいる。
>
> ☑ 年々売上は増加傾向にあるが、営業利益は横ばいで推移している。
>
> ☑ 地域金融機関（準メイン）の担当者である山下さんがE社の事業評価を実施することとなった。

山下さんの事業構造分析結果は図表1−9のとおりです。

図表1-9　E社の事業構造分析

事業構造【製品・サービス】

事業 （製品・サービス）	売上 構成比（%）	売上高			粗利率（%）
		n-2期	n-1期	n期	n期
宿泊	75	××	××	××	××
日帰り（昼食＋温泉）	15	××	××	××	××
お土産	10	××	××	××	××

事業構造【顧客・市場】

顧客・市場	売上 構成比（%）	売上高			粗利率（%）
		n-2期	n-1期	n期	n期
一般顧客	100	××	××	××	××

　図表1-9の上側の【製品・サービス】面はE社の特徴を把握できている
と思いますが、既にD社（産業用機械部品卸売業）の事例をみてきた皆さん
ならお察しのように、下側の【顧客・市場】面は「一般顧客　100％」と書
かれているのみで、ここからはE社の"事業の特徴"は何もわかりません。
山下さんに限らず、金融機関の方にBtoC事業を営んでいる企業の事業構造
分析や商流図の作成をしてもらうと、しばしば【顧客・市場】面の分析が
「一般顧客100％。以上！」で片づけられてしまいます。D社を担当した田丸
さんのように「金額上位順に把握すること」に慣れたために、上位順では計
測できない「一般顧客」相手の事業だとこのような結果になってしまうのだ
と推測されます。では、どのような切り口と粒度で【顧客・市場】面を把握
すればいいでしょうか。

　考えられる切り口としては、次のようにさまざまなものがあげられるかと
思います。

1．直接販売（自社ホームページや電話予約）⇔間接販売（旅行代理店やネッ
　ト系エージェント）といったチャネル別売上構成

2．団体客⇔個人客（家族・友人）の売上構成

3．年齢層別の売上構成

4．観光客⇔ビジネス客の売上構成

5．インバウンド客⇔国内顧客（遠方顧客⇔近隣顧客）の売上構成

6．季節別・月別・曜日別の売上構成

7．新規顧客⇔リピート客（リピートの頻度ごと）といった利用頻度別の売上構成

8．客室単価×稼働率の売上構成

　これらの切り口のうち、何が正解で、何が不正解ということはありません。同じ旅館業でも企業によって特徴は異なりますし、<u>企業によって抱えている経営課題も異なる</u>ためです。例えば、E社の経営者が「リピート顧客は多いが、エージェントに支払う送客手数料の負担が重いので、直接販売を増やしたい」という課題を抱えていれば、地域金融機関としては、経営者の認識している課題に“追いつく”ために利用頻度別の売上構成とチャネル別の売上構成を把握する必要があります。また、例えば、季節別の売上構成や観光客⇔ビジネス客の売上構成を明らかし、そこから「閑散期に集客を増やすにはどうすべきか」「ビジネス客をさらに取り込むにはどういう施策を打つべきか」と投げかけることで、経営者が気づいていない課題や、「昔からこの業界・自社の売上構成はそういうもの」と諦めている課題に対して気づきを与えることができるかもしれません。

　事業構造分析は、まずは企業訪問前の段階で過去の情報をもとに実施しておくのが望ましいといえますが、経営者とのディスカッション・経営者への質問を繰り返すなかで徐々に分析の切り口と粒度が洗練され、金融機関が気づいていなかったような課題や、経営者も頭のなかで整理できていなかったような課題がみえてくることがあります。

　2つのケーススタディで切り口と粒度についてイメージができたと思いますが、参考までにいくつか切り口と粒度の例をあげておきます（図表1－10）。

　切り口と粒度はこれに限りませんが、筋のよい切り口と粒度を発見するコ

図表 1 −10　切り口と粒度の例

【製品・サービス】の切り口と粒度	【顧客・市場】の切り口と粒度
事業別・部門別	得意先業界別＞得意先別
製造拠点別	得意先の規模別
製品群別＞製品別	エリア別＞営業拠点別＞営業チーム別＞営業担当者別
売り切り商売か継続課金商売か	チャネル別（直接販売・間接販売）
見込生産か受注生産か	
（受注生産の場合）設計は自社・顧客いずれが担っているか	

（注）　不等号（＞）は粒度の大＞小を示す。

ツは、組織図を読むコツと同様です。1つは、多くの業種・企業の事業内容（ビジネスモデル）を知ること、もう1つは、対象企業の事業活動と、そこで働く従業員の日々の活動をリアルに想像することです。D社（産業用機械部品卸売業）の例でいえば、「アフターサービス事業を行う場合には、サービス網を整備する必要がある。D社は拠点から離れた関西地方も商圏にしているので、アフターサービスは提供していない、あるいは提供しているとしても近隣の九州地方に限るのではないか。関西地方にアフターサービスを提供するためには協力会社が必要ではないか」という仮説や、「顧客と共同設計するには、多頻度の打ち合わせや訪問が必要になると思われるので、共同設計案件の商圏は事業拠点である九州地方に限られるのではないか」という仮説が、"事業活動と、そこで働く従業員の日々の活動をリアルに想像する"に当てはまるかと思います。

……… ま　と　め ………………………………………………………………………

　事業構造分析は、企業の売上高を製品・サービス面（製品軸）と顧客・市場面（顧客軸）から分解することでした。事業性評価の支援コンサルティン

グを行っていると、事業構造分析を実施せずに企業の将来の方向性や中長期の売上目標を確認しているケースに多く遭遇します。しかし、経営者の「自社の売上をいくらにしたい」という“数値の目標”の背景には、「今後は○○製品に注力していきたい」「○○業界向けの売上を伸ばしたい」「○○エリアに進出したい」という“事業の目標”が必ずあります。P/Lの売上高を確認するだけではなく、そこから一歩踏み込んで事業構造分析を実施することで、経営者と同じ目線で事業を語ることができるようになります。逆にいえば、事業構造分析を実施せずに将来の方向性や中期目標を確認するのは、“数字だけをみて事業をみていない”といっても過言ではありません。

　企業の事業をどの視点からどれくらいの粒度で切るのが適切かは、その企業のビジネスモデルや経営者の課題認識によって異なりますので、「仮説を立てる→経営者とディスカッション・経営者に質問する」を繰り返して精度を高めていくことが肝要です。

第 3 節 　商流図を作成する

　ここからは、第 1 章の最後のポイントである「商流図を作成する」を解説していきます。

　商流図を作成する目的には、①企業の取引状況をわかりやすく整理することと、②事業機会やリスクを見出すことの 2 つがあります。

　このうち、「①企業の取引状況をわかりやすく整理する」については、第 2 節の事業構造分析の考え方が活用できます。D 社（産業用機械部品卸売業）の例では、製品群を汎用品と特注品に切ることが D 社の"事業の特徴"を理解する助けになりましたし、E 社（旅館業）の例では、顧客群をチャネル別・利用頻度別・利用目的別（観光⇔ビジネス）に切ることが、経営者と同じ目線で経営課題を議論する土台になりました。事業構造分析の考え方を踏まえて商流図を作成すると、より企業の取引状況をわかりやすく整理できると思います。逆にいえば（くどいようですが）、事業構造分析の観点をもたずに商流図を作成しようとすると、仕入先・得意先が金額上位順に並んでいるだけの無味乾燥な商流図ができてしまうおそれがあります。

　本節では第 1 節「組織図を読む」、第 2 節「事業構造を分析する」の内容も踏まえて、商流図作成の 2 つの目的（①企業の取引状況をわかりやすく整理する、②事業機会やリスクを見出す）を達成するための留意点について紹介します。まずは製造業の商流図についてですが、製造業は製品に応じた多種多様な特徴をもつため、ここではねじ製造業を例にとってケーススタディとして検討します。

ケーススタディ 1 － ③ 　ねじ製造業 F 社の商流図

> 　ねじ製造業 F 社（年商：100 億円）の企業概要は以下のとおり。
> ☑ 　国内製造拠点：1 か所（本社工場）

- ☑ 　国内営業拠点：7か所（札幌、仙台、東京、名古屋、大阪、広島、福岡）
- ☑ 　得意先数：2,000社超（自動車、造船、建築、産業機械、……）
- ☑ 　製品在庫回転期間：約1か月

　F社の企業情報として、図表1−11の商流図が行内資料として作成されています。

　この商流図をブラッシュアップしていきたいと思います。

　まず、いまの商流図ではF社はどうやってねじを製造しているのか、外注先との関係がどうなっているのかがよくわからないので、F社の製造工程と、外注先との関係を明らかにしていく必要があります。製造業においては、製造工程を把握することは事業の理解のために必須と考えてください。

　F社のホームページを確認したり、同業他社の製造工程を紹介する動画な

図表1−11　F社商流図

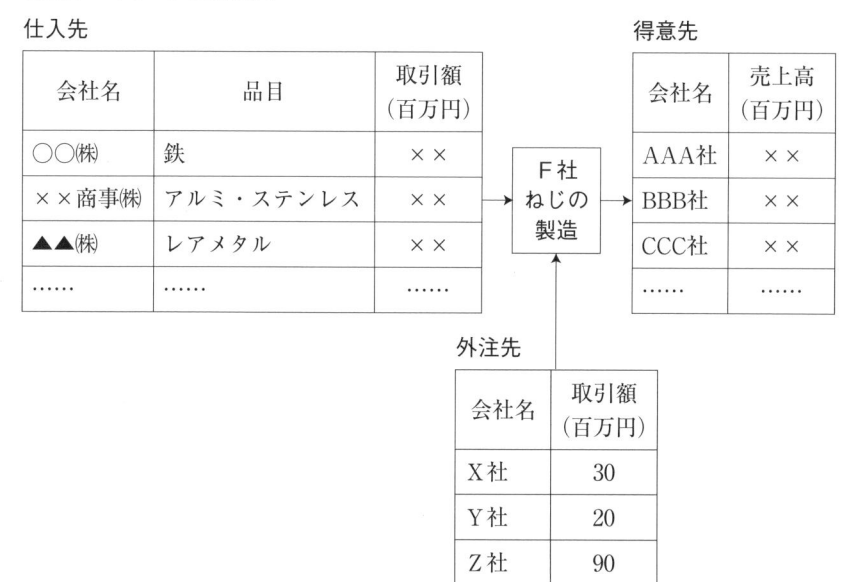

どを確認したり、Ｆ社にヒアリングを重ねたりしていくことで、図表1－12のようなビジネスフローを理解することが可能になります。

　Ｆ社のビジネスは、まず顧客から図面を入手するところからスタートします。図面入手後、品質検査まで11の工程を経て顧客に製品が出荷されるフローです。工程に分解することで、社内でどのような作業が行われているのか、どの工程で外注先を活用しているのかを把握できます。

　Ｆ社の製造の背景をここまで理解することができれば、経営者と本質的な課題についてのディスカッションができるようになります。例えば、「金型設計を委託しているＸ社は事業承継に悩んでおり、近い将来廃業するかもしれない」という事業リスクがわかれば、代替外注先をいまのうちから探す必要がありそうですし、あるいはＸ社を買収して内製化を図り、事業リスクを事業機会に変えることも考えられます。

　また、このビジネスフローのなかで、"どこが儲けやすいか・儲けにくいか"まで把握することができれば、例えば、「切断・プレス工程は儲けにくいので、将来的には自社での加工を縮小してＹ社への依存度を上げるべき」という仮説や、「熱処理・メッキ塗装工程は儲けやすいので、M&Aや自社スキルを上げる方針を策定するべき」といった仮説が立てられます。

図表1－12　Ｆ社商流図（製造工程）

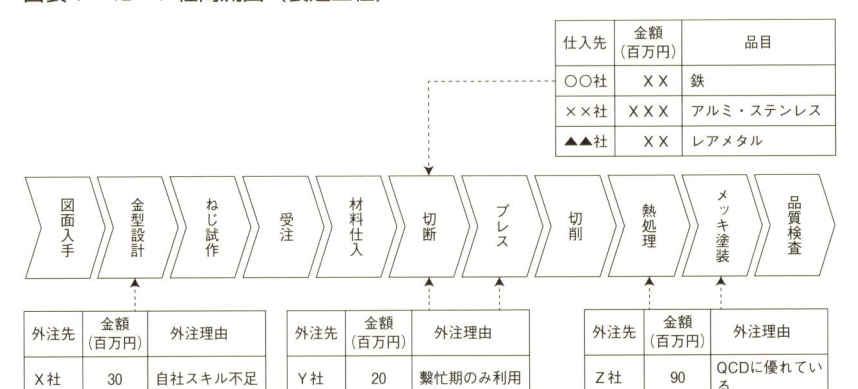

仕入先	金額 (百万円)	品目
○○社	××	鉄
××社	×××	アルミ・ステンレス
▲▲社	××	レアメタル

図面入手 → 金型設計 → ねじ試作 → 受注 → 材料仕入 → 切断 → プレス → 切削 → 熱処理 → メッキ塗装 → 品質検査

外注先	金額 (百万円)	外注理由
Ｘ社	30	自社スキル不足

外注先	金額 (百万円)	外注理由
Ｙ社	20	繁忙期のみ利用

外注先	金額 (百万円)	外注理由
Ｚ社	90	QCDに優れている

このような将来の事業機会・リスクは常に経営者の頭のなかでは考えられているものですが、金融機関の担当者がある日ふらっと訪問して「貴社の将来の方針を教えてください」「貴社のビジネスリスクを教えてください」と抽象的な質問をしたところで、抽象的な回答しか得られません。図表1−12のようなフローを理解し、工程ごとの強み・弱みや、外注を活用している理由などをヒアリングし、議論するなかで、経営者はようやく思いを吐露してくれるのです。経営者とのディスカッションは、“小さく打てば小さく響き、大きく打てば大きく響く”ものといえます。

　さて、図表1−12で、自社内部・外注・仕入先の関係は押さえることができました。次は得意先との関係を考えてみたいと思います。ここではまず、第2節「事業構造分析」の顧客軸で検討した「カットとメッシュ（切り口と粒度）」の観点から考えてみたいと思います。Ｆ社の概要を再度確認すると、①得意先は2,000社超、②得意先業種は自動車、造船、建築、産業機械……とさまざまな業種に分かれており、③営業拠点は7拠点あることがわかります。ここからどういう切り口・どういう粒度で切るかを考えます。

　まず、①得意先企業別で切るのはどうでしょうか。特定少数の企業への売上が多くを占めている場合は得意先企業別で切るのもいいでしょう。ただ、Ｆ社の場合、顧客が2,000社超もあるため、得意先企業別ではやや粒度が細かくなりすぎると考えられます。そうすると、②得意先業種別か、③エリア別（営業拠点別）で切るのが“筋がよい”切り口といえそうです。では、どちらの切り口がＦ社にとってより適切な切り口になるでしょうか。ここでもいきなり質問する前に、Ｆ社の組織図をみて仮説を立ててみましょう。図表1−13をご覧ください。

　図表1−13の左側の組織図は、営業本部の下に各営業所をぶら下げる形で設計されています（拠点別設計）。一方、右側の組織図は、営業本部の下に各得意先業種をぶら下げて業種ごとに担当者が分かれる組織設計となっています（業種別設計）。左側の拠点別設計の企業では、営業所が業績管理単位となり（例えば、札幌営業所の利益責任は札幌営業所長が負う）、各営業所の各担当

図表1−13　営業組織の設計思想

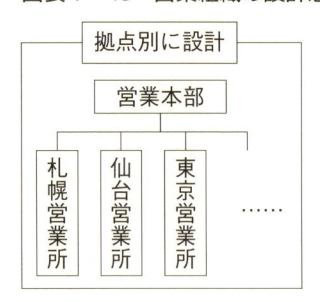
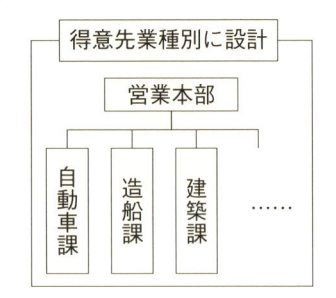

者がさまざまな得意先業種に営業活動を行っていると考えられます。一方、右側の業種別設計の場合、業績管理単位は各課となり（例えば、自動車課の利益責任は自動車課長が負う）、各課の方針に従って営業担当者が活動します。業種別設計の組織では、各営業所は地理的な拠点としてのみ位置づけられると考えられます。

　拠点別設計と業種別設計のいずれもみたことがあると思いますが、どちらの組織設計を採用するかは企業によって異なります。Ｆ社の例でいうと、得意先業種によって求められる自社商品（ねじ）の種類に大きな違いがなく、営業担当者には商品知識の深さよりも広さが求められるような場合は、わざわざ業種別設計にする必要はなく、拠点別設計が適切でしょう。浅く広い商品知識があれば、自動車業の顧客にも、造船業の顧客にも、建築業の顧客にも対応できるためです。逆に、得意先の業種によって求められる商品種類が大きく異なり、商品知識の広さよりも深さが求められるような場合や、得意先業種の取引慣行を熟知して営業活動を行う必要があるような場合には、各業種に特化した組織（業種別設計）が望ましいといえます。

　営業組織の設計思想についてご理解いただけたと思いますので、商流図の作成に戻りましょう。"②得意先業種別で切る"のと、"③営業拠点別で切る"のと、どちらが筋のよい切り口かの検討の続きです。Ｆ社の組織図を確認したところ、仮に業種別に組織が設計されていたとすると、商流図も②得意先業種別で切るほうが、筋がよさそうです。

では、得意先業種別に切ったあとはどのような商流図を描けばいいでしょうか。業種ごとに金額上位順で並べるのも結構ですが、商流図では“流”という文字のとおり、直接の顧客だけではなく、エンドユーザーまで含めた取引フローを図示する必要があります。

　図表1−14はF社の販路を得意先業種別に分けたうえで、直接顧客だけでなくエンドユーザーまで把握した図になります。エンドユーザーまで明らかにする目的は、F社の製品を購入する顧客の業種・業態・エリアを明らかにすることにあります。業種・業態・エリアが異なれば、そこで競合する相手も異なりますし、競合が異なれば自社の強み・弱みも変わってきます。エンドユーザーまで明らかにすることによって、図表1−14の右側に記載したような事業性の考察が可能になります。

　以上、F社の商流図を自社・外注・仕入先と顧客に分けてブラッシュアップしてきました。F社は製造業なので製造工程を商流図のなかに織り込んで

図表1−14　F社商流図（販路）

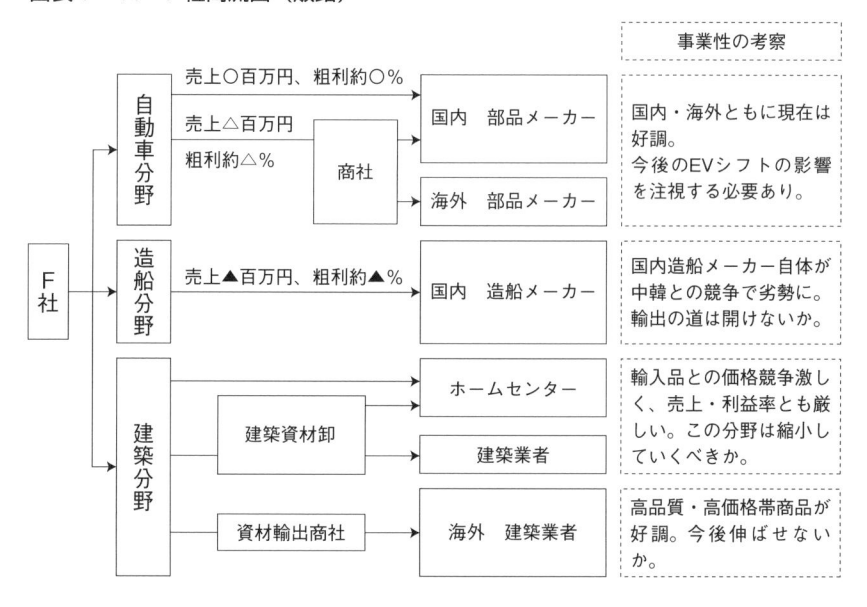

作成しましたが、製造工程がない業種ではどのような切り口で商流図を作成すればよいでしょうか。ここでは卸売業と飲食店を例にあげて考え方を紹介します。まずは卸売業から紹介します。

　卸売業の商流図を考えるにあたり、まず卸売業の一般的な役割・機能を考えてみましょう。ひとくくりに卸売業といっても各社の"事業の特徴"は異なりますが、"卸売業の一般的な役割・機能"という「引き出し」を頭のなかにもっておくことが、対象企業はどのような特徴をもっているのかを理解する助けになります。各企業の事業の特徴を検討する際に、その引き出しと照らし合わせることで、当該企業ではどのような役割・機能が重要になって

図表1−15　卸売業の一般的な役割・機能

	役割・機能	説明
1	仕入・販売代行機能	生産者に代わって販売先を見つける、あるいは、顧客に代わって仕入先を見つける機能です。
2	在庫調整・管理機能	生産者はできるだけまとめて製造・出荷したいという意向があり、顧客はできるだけ小分けに・多頻度で調達したいという意向があります。このようなギャップがある場合に、卸売業者が間に入ることで生産者・顧客双方のニーズを満たすことができます。
3	物流機能	生産者から顧客に商品を届けるまでの物流を担う機能です。
4	情報提供機能	顧客に対しては売れ筋商品や売り方の提案をし、生産者に対しては市場ニーズ・市場動向の情報を提供する機能です。
5	金融調整機能	生産者の意向として、①できるだけ早期に売上債権を回収したい、②債権回収リスクの低い相手に販売したい、③請求手続を簡素化したい等があります。一方、顧客の意向として、①できるだけ支払いを遅らせたい、②安定調達が可能な相手から仕入れたい、③支払手続を簡素化したい等があります。このようなギャップがある場合に、卸売業者が間に入ることで、生産者・顧客双方の①②③のニーズを満たす機能です。

いるかを考えることができるからです。

　卸売業の一般的な役割・機能を図表1−15に示します。

　一般的な役割・機能は以上のとおりですが、各卸売企業に求められる役割・機能は、業種や商流における各企業のポジショニングによって異なりますし、企業によっても異なります。例として、産業ガス卸売業の役割・機能から、どのような商流図を作成するとよいかについて考えてみたいと思います。

　商流図を考える前に、産業ガス卸売業の特徴とプレイヤーについて簡単に説明します。

---

① 　産業ガスの供給者（製造業者）は、大手メーカー同士の業界再編・統合が進んでおり、大陽日酸、エア・ウォーター、日本エア・リキード、岩谷産業、昭和電工（現レゾナック・ホールディングス）などの巨大資本が主なプレイヤーになっている。

② 　一方、産業ガスの需要者はさまざまな製造業（鉄鋼、輸送用機器、電気機械、金属製品、化学、食品等）や病院等に分かれており、大企業の巨大工場から小さな町工場や病院まで大小さまざまな需要者が数多く存在する。

③ 　このような需給関係のなかで、産業ガス卸売業者は、大手メーカー・系列販売会社が参入してこない小さな町工場や病院向けに、"ラストワンマイル"を担う存在として各地域に存在する。

④ 　ラストワンマイル（＝物流機能）を担うのが産業ガス卸売業者の主な役割・機能になるため、物流効率の制約上、営業拠点から半径○kmといった比較的限定された経済圏が卸売業者にとっての市場となり、その限定された市場内シェアをどれだけカバーできるかが事業性の重要ポイントになる。

　このような産業構造があるなかで、産業ガス卸売業の商流図（販売サイ

ド）を作成する場合は、以下のような切り口で作成することが望ましいと考えられます。

・各営業拠点を商流図に記載し、各拠点の市場範囲を把握する。

・各拠点における顧客業種（鉄鋼、輸送用機器、……）別の売上構成を把握する。

　このような形で商流図を把握しておくことで、商流図作成の2つ目の目的である"事業機会やリスク"を把握しやすくなり、機会・リスクについてディスカッションがしやすくなります。例えば、①自社の売上構成は○○業向け売上が最も多くを占めているが、商圏全体では△△業の市場規模のほうが大きいため、自社は△△業向けの売上を取りこぼしているのではないかといった、市場と自社売上のミスマッチについての仮説や、②今後事業を拡大するためには、○○地域に拠点を出すべきではないかといった新市場開拓についての仮説、あるいは、③新市場開拓は難易度が高いため、既存顧客に対して産業ガス以外の周辺商品を販売していくべきではないか、といった新商品展開についての仮説などを立てることができます。

　卸売業に続いてもう1例、飲食店の商流図についても考えてみたいと思います。

　卸売業では、一般的な役割・機能の解説から入りましたが、飲食店の役割・機能については皆さんご存じかと思いますので、ここでは飲食店業態の一般的な特徴について紹介します。一般的な特徴から、どのような商流図を作成すると①企業の取引状況をわかりやすく整理し、②事業機会やリスクを見出すことができるかを考えてみましょう。

　飲食店業態の一般的な特徴は以下のとおりです。

---

① 多店舗展開する大手飲食チェーンもいくつか存在するが、多くは中小零細企業で構成されるため、商圏は店舗ごとに限定される。

② 顧客への提供価値（強み）は、低価格を売りにする店舗もあれば、品質（味や希少材料）、メニュー構成の幅広さ、快適な・入店しやすい

雰囲気（その逆の、格調高い雰囲気）、優れた接客サービス、立地など
さまざま要素が存在する。提供価値を明確にすること（自社の売りを
明確にすること）が顧客のロイヤリティ向上につながる。

③　同じ業態の店舗でも、立地が違えばターゲットとなる市場・顧客は
異なる。例えば、オフィス街にあるハンバーガー店であれば、近隣の
労働者の朝食〜昼食市場が主なターゲットとなるが、住宅街にあるハ
ンバーガー店は学生や近隣住民の昼食〜ティータイム市場が主なター
ゲットとなる。

④　ターゲット顧客が異なれば、競合企業も異なる。オフィス街のハン
バーガー店の競合は同業他社だけでなく牛丼店やラーメン屋などにな
り、住宅街にあるハンバーガー店であれば、近隣のファミリーレスト
ランや喫茶店が競合になる。

⑤　一般に、フード売上よりもドリンク売上のほうが利益率は高い。

⑥　近年、収益源が多様化している。例えば、店内飲食だけではなく、
デリバリーサービスを始めたり、開店時間を夜のみから朝や昼に広げ
たり、閉店時間帯の店舗設備を同業他社に賃貸することで賃料収入を
得たり、イベントやパーティー予約などで団体客を獲得したりするこ
となどがあげられる。

以上のような特徴があるため、飲食店の商流図を作成する際は以下の点に
留意する必要があります。

まず特徴①（店舗ごとに商圏は限定される）より、店舗別の所在地や売上高
を記載する必要があります。次に特徴②（顧客への提供価値）より、何を顧
客への提供価値として重視しているかを簡単に記載します。このとき、希少
な材料（例えば、フランス直輸入の食材や、地元産の鮮魚など）という特徴があ
る店舗なら、商流図の仕入サイドにそれらがわかるように記載する必要があ
るでしょう。特徴③（ターゲット顧客）も簡単に記しておく必要があります。
くれぐれも「一般消費者　100％」だけですませないように注意してくださ

い。

　特徴④（競合企業の情報）については、情報過多になってしまいますので商流図には記載する必要はないでしょう。事業性評価のディスカッションがさらに進んで競合比較が必要になった場合には、立地・提供価値・ターゲット顧客等の情報が整理されていれば競合分析にすぐに着手することが可能です。ただし、ここまでいくと"金融機関の事業性評価"というよりは、"コンサルティング会社によるマーケティング戦略の立案"になってしまいます。金融機関の皆さんは普段忙しくしており、そこまで工数を割くこともできないでしょうし、マーケティングの専門家でもないので、実際に競合分析までする必要はないでしょう。経営者に競合分析をするための視点・材料を整理して提供するだけでも十分価値のある活動といえます。

　続いて特徴⑤（フードとドリンクの売上構成）は、商流図というよりは事業構造分析の【製品・サービス面】で把握すべき情報なのでここでは割愛します。特徴⑥（収益源の多様化）も、前半部分（デリバリーサービスや開店時間の拡張）は事業構造分析の【製品・サービス面】で把握すれば足りる情報なので、商流図では割愛してよいかと思いますが、後半部分（賃料収入や、個人客⇔団体客の違い）は商流図に表すことができます。

　このように①～⑥の特徴を対象企業に当てはめて商流図を作成すると、対象企業の事業の特徴がわかりやすくなり、経営者との課題の共有もしやすくなることがイメージいただけるかと思います。

####### ま と め ·······································

　第3節では商流図の作成方法を説明してきました。金融機関担当者の方からは、どのように商流図を作成すればいいかという質問を受けることがたびたびあります。一方で、商流図をそれほど重視していないのか、仕入先・得意先を金額上位順に埋めるだけのフォーマットをみたこともあります。筆者の知る限り、商流図の作成方法を詳しく紹介した書籍はありませんし、皆さんもあまり商流図を重視せずに、みようみまねで作成してきたためと思われ

ます。

　本節では製造業・卸売業・飲食業の商流図作成の考え方について紹介しましたが、商流図作成の留意点を整理すると、以下のようにまとめられます。

(1)　直接取引先だけでなく、自社を取り巻く業界全体の商流を把握する

　業界全体の商流を把握することで、調達サイド・販売サイドそれぞれにおける事業機会やリスクを把握しやすくなります。また、業界全体のなかで自社がどのようなポジションにあるかを俯瞰できるようになります。

(2)　自社内部の業務の流れを明らかにする

　例えば、製造業であれば製造工程を把握し、卸売業であれば在庫の保管場所や金額、物流の流れを把握することで、事業活動をリアルに想像することが可能になります。

(3)　自社の属する業種の一般的な役割・機能・特徴と比較して自社の特徴は何か、という視点をもって商流図を作成する

　自社の特徴を意識することで、業界全体のなかでの自社のポジショニングや自社の強みを把握することが可能になります。

(4)　商圏を把握し、どのような顧客をターゲットとしているのかを明らかにする

　商圏・ターゲット顧客を把握することが、今後の事業展開を検討する起点になります。

第4節　仮説構築力の養成

　第1章では、組織図の読み方、事業構造分析の手法、商流図の作成方法について紹介してきました。これら3点は、事業性評価の取組みの初期段階で押さえておくべきポイント、たとえるなら事業内容理解の土台部分になります。事業内容を理解せず、土台を疎かにしたまま、内部環境分析（定性分析）で「技術力は高い・低い」「営業力は強い・弱い」などと評価しても、そこから出てくるのは「技術力を上げるための産学連携」や、「営業人材の採用」等、短絡的なソリューションになってしまいます。

　本章で紹介したように組織図を読み、事業構造を分析し、商流図を作成することを実践しようとすると、慣れるまでは時間がかかると思いますが、次の3つのポイントをしっかりと押さえることで、企業を理解する力は各段に上がりますし、数をこなすほど効率的で精度の高い分析が可能になります。

・組織図を読むことで企業の"構え"を理解する。

・事業構造を分析することで、企業の収益構造を理解する。

・商流図を作成することで、企業の業界全体におけるポジションを理解する。

　また、これら3つのポイントについては、"事前準備をせずに教えてもらうだけのスタンス"では対象企業の担当者・経営者に煙たがられることになりますので、可能な限り事前に作成してみることをお勧めします。事前準備をしっかりすることは2つの利点があります。1つは、対象企業の担当者・経営者に与える印象がよくなること、もう1つは、仮説を立ててから質問する（仮説を検証する）ことで仮説構築力が磨かれることです。

　仮説構築力は本書のタイトルでもあり、事業性評価にとって重要なテーマになりますので、もう少し紙面を割いて説明します。

　事前準備として、例えば、対象企業のホームページや採用ポータルサイト（リクナビ等）に記載されている「先輩社員の1日（例)」などのコンテンツ

を確認します。そうすると、組織図の全部または一部や、事業構造分析の切り口のヒントや、従業員の日々のリアルな活動といった情報を入手することができます。また、財務諸表の人件費（販管費）と労務費（製造原価）の金額構成から、販管部門と製造部門の人員構成についてはおおよそ検討がつき、そこから、例えば、「販管部門が約20人として、この規模の企業なら管理部門は5人程度で十分だろう。そうすると、営業部門は残り15名程度だろう」といった仮説を立てることができます。

　こういった情報をもとに仮説を立ててから確認・質問する（仮説を検証する）のと、仮説を立てずにただ教えてもらうのとでは、気づきに大きな差が出ます。自分の立てた仮説が間違っていた場合に間違った原因がどこにあるかを考えたり、直接「自分はこのように考えて仮説を立てたが、なぜこの仮説では正しい結果にならなかったのか」と質問したりすることで、それまで知らなかった取引の実態、業界慣行や経営者の考え方を知ることができます。これを繰り返していくことで、さまざまな業種・企業の情報を自分の引き出しに蓄積していき、仮説構築力を高めることができます。

第 **2** 章

外部環境分析

図表2−1　外部環境分析

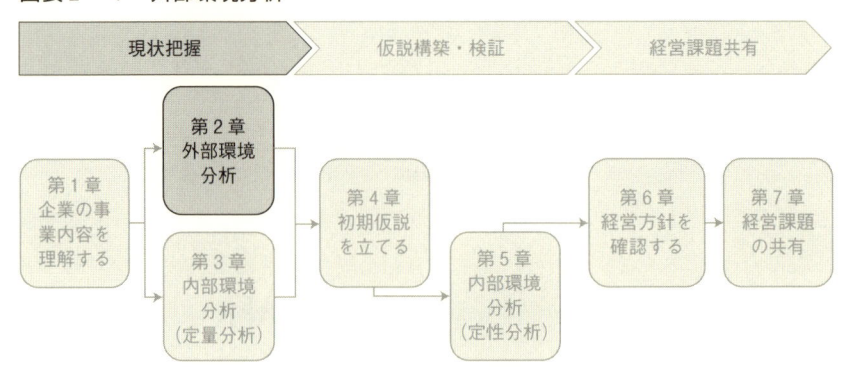

　第1章では企業の事業内容を理解する手法として、組織図を読む（第1節）、事業構造を分析する（第2節）、商流図を作成する（第3節）を紹介しました。3つのポイントは、最終的には経営者とのディスカッション・質問を繰り返しながら作成・提言していくものですが、まずは手元にある情報だけで作成し、仮説を立てることが重要でした。外部環境分析についても、本章で紹介する考え方に基づいて事前に分析しておくと、より密度の濃いディスカッション・質問が可能になります。

　まずは、外部環境分析の目的から説明します。

第 **1** 節　外部環境分析の目的

　一般的に外部環境分析は、政治・経済等の（マクロな）業界の動向を把握するとともに、自社の属する業界のプレイヤー（競合先、仕入先、販売先等）といった（ミクロな）業界の構造を分析することで、戦略的な打ち手を検討するために用いられます。

　しかし、中小企業等における外部環境分析は、大企業における外部環境分析とは目的が異なります。そもそも、中小企業等の市場シェアはごくわずかであることが多く、大企業ほどには外部環境の影響を受けにくいという点で違いがあります。また、経営資源（ヒト・モノ・カネ）に乏しく、戦略策定の選択肢が限られる中小企業等に対して、大企業は多様な打ち手を選択することが可能という点でも違いがあります。そのため、中小企業等にとっては、外部環境分析の重要性は相対的に低くなります。

　少し極端な言い方をすれば、（外部環境がどうであれ）中小企業等は既存の経営資源（＝「ありもの」）でいかに勝負していくかが重要になります。

　もちろん、中小企業等にとっても経営に重大なインパクトを与える外部環境分析を無視することはできませんが、中小企業等の事業性評価を行う場合には、外部環境分析よりも、第1章で紹介した収益構造分析や、第3章および第5章で紹介する内部環境分析（定量分析・定性分析）のほうが、より重要度が高いとご理解いただきたいと思います。

　前置きが長くなりましたが、中小企業等における外部環境分析の目的は以下の2つになります。

1. 業界の大きなトレンドをつかみ、業界構造と市場特性を把握すること
2. 1を踏まえて事業ドメインの検討材料とすること

　2の事業ドメインについては第6章で解説します。次節では、1に当たる、業界の大きなトレンドをつかみ、業界構造と市場特性を把握するための外部環境分析の手法を解説していきます。

第**2**節　外部環境分析の手法（定性分析）

　本節では、定性的な外部環境分析をする際に使い勝手のよい以下の3つの分析手法についてそれぞれ説明していきます。

---

①　PEST分析

②　5 Forces分析

③　アドバンテージマトリックス

■ 第1項　PEST分析

　PEST分析とは、企業の事業を取り巻く環境を政治的要因（Politics）、経済的要因（Economy）、社会的要因（Society）、技術的要因（Technology）の4つの視点から分析したもので、この4つの頭文字をとってPEST分析といいます（図表2-2）。

図表2-2　PEST分析

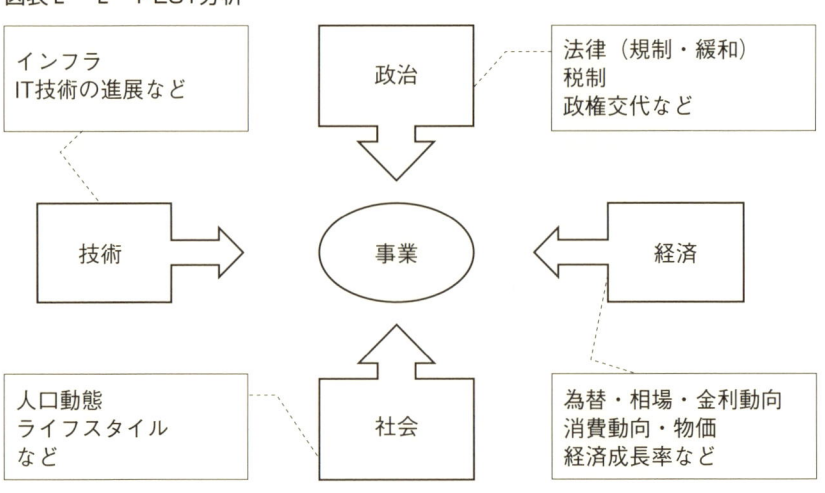

PEST分析の目的は、政治・経済・社会・技術という大きな4つの要因が、業界や企業の事業にどのような影響を及ぼすかを予測することにあります。

■ 第2項　5 Forces分析

　次に5 Forces分析をみていきたいと思います。PEST分析がマクロな視点での外部環境分析だとすると、5 Forces分析はミクロな外部環境分析といえます。

　5 Forces分析とは、ハーバード大学の経営学者マイケル・ポーターが考案したもので、5つの力関係（①仕入先の交渉力、②顧客の交渉力、③業界内の競争環境、④新規参入の脅威、⑤代替品の脅威）を分析するフレームワークです。

　5 Forces分析の効用の1つは、事業の属する業界の魅力度（簡単にいうと、儲かりやすい業界か、儲かりにくい業界か）を概観できることであり、もう1つの効用は、自社の収益力を上げるためにどの点に重点を置くべきかについて示唆を与えてくれることです（図表2-3）。

図表2-3　5 Forces分析

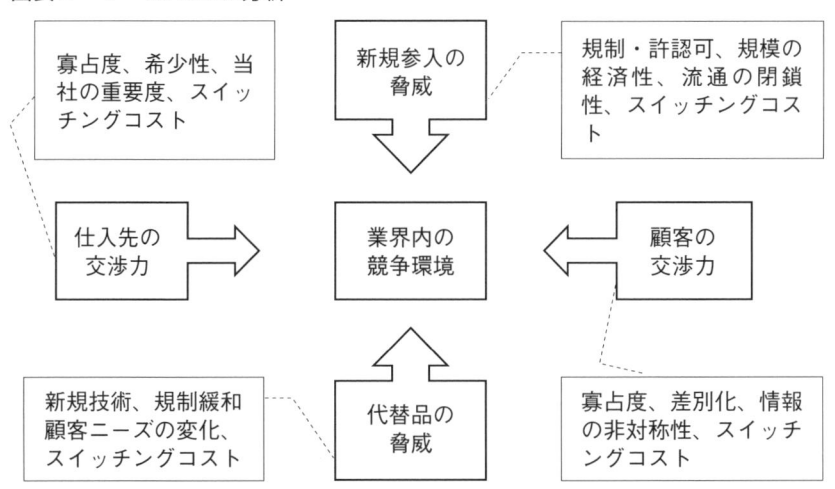

では、5つの力関係についてそれぞれ順にみていきましょう。

(1) 仕入先の交渉力

仕入先の交渉力は、仕入先が取り扱っている商品・サービスの希少性、仕入先の寡占度や仕入先にとっての自社の重要度に左右されます。例えば、レアアースを原材料として利用している企業にとって、原材料は希少性が高く、需給バランスが需要＞供給となっているため、価格交渉や調達交渉で不利な立場にあります。つまり、仕入コストを削減するという打ち手が難しい業界であると考えられます。また、仕入先の業界の寡占度が高い場合、代替仕入先が少ないことや、仕入先企業の規模が大きいことが想定されるため、やはり仕入先の交渉力は大きくなる（自社にとって仕入サイドをコントロールすることが難しくなる）と考えられます。

逆に、仕入先の業界でコモディティ化が進んでおり（誰から仕入れてもそれほど品質等に差がない）、仕入先の業界のプレイヤーが多数で乱戦になっており、仕入先にとって自社に対する売上高が大きな比率を占める場合には、自社の交渉力＞仕入先の交渉力となるため、仕入サイドをコントロールすることで収益力を改善できる可能性が高まります。

(2) 顧客の交渉力

次は、自社にとっての得意先である、顧客の交渉力についてみていきたいと思います。顧客の交渉力を考える際には、仕入先の交渉力で検討した要素を逆の視点で考えればわかりやすいでしょう。例えば、自社の業界で作っている製品やサービスがコモディティ化している（顧客側からみると誰から買っても同じ）であれば、価格引き下げ圧力が強まり、価格競争に陥りやすくなります。また、顧客の規模が自社よりも圧倒的に大きければ、顧客の交渉力＞自社の交渉力となるため、やはり自社にとっては儲かりにくくなります。

情報の非対称性とは、製品やサービスに関する知識・情報について、売り手と買い手に格差があることをいいます。通常、売り手は製品・サービスのコストや品質、利用後の効果についての情報を多くもっていますが、買い手はその一部しか知りえません。このように情報格差が大きければ、売り手は

買い手に対して対価として比較的高い金額を提示することが可能です。

⑶ 業界内の競争環境

　業界内における競争環境とは、文字どおり自社にとってのライバルとの競争状況です。競合企業数が多いほど過当競争に陥りやすいし、差別化が難しい場合には価格競争に陥りやすく儲けにくくなります。また、市場が成熟期・衰退期に該当し、成長率が低い場合には、限られたパイを競合同士で奪い合うことになるため、業界全体として利益率は低くなります。コスト構造の観点からみると、固定費が高い業界ではその費用を賄うために、可能な限り生産量を引き上げようとします。すると業界全体では供給過剰に陥りやすく、値下げ競争によって利幅は小さくなります。

⑷ 新規参入の脅威

　新規参入の脅威とは、新規プレイヤーが自社の市場に参入してくるリスクをいいます。市場が成長しているような業界や、これまで規制に守られて高い利益率を維持していた業界で規制が緩和されるような状況では新規参入のリスクは高まります。このように書くと、あたかも魅力的な市場だけが新規参入の脅威にさらされているように感じられますが、もっと身近な例でいえ、地方で数店舗展開している食品スーパーにとって、近隣に大手のスーパーが新たに出店してくることも新規参入の脅威に該当します。このようなケースで脅威に対抗するためには顧客のスイッチングコストを高め、ポジショニングの3つの軸を明確にして事業運営を行っていく必要があります。

　ポジショニングの3つの軸については第6章第2節で紹介しますので、ここではスイッチングコストについて簡単に説明します。

　スイッチングコストとは、いま既に利用している製品・サービスから変更（スイッチ）する際に、顧客側で発生するコスト（金銭的・時間的・心理的コストやリスク）をいいます。5つの競争要因すべてでスイッチングコストが登場するため、非常に重要な項目になります。わかりやすい例として、情報システム投資におけるスイッチングコストについて説明します。システムユーザー（顧客企業）にとって、現在利用している情報システムを刷新して新た

なシステムに移行しようとすると、数百万〜数億円という大きな金銭的コストが発生します。また、一般的に情報システムは情報の非対称性が高い商品であり、どの商品を選ぶのが最も適切かを判断するために多くの時間を要します。新システム導入後も作業に慣れるまでに時間を要するため、時間的・心理的負担が大きい商品といえます。また、システムを刷新した結果、エラーが出て使えない、従業員が使ってくれないというリスクも考えられます。このように、情報システム投資はユーザーにとって金銭的・時間的・心理的コストが高くリスクも低いとはいえないため、一度導入すると保守期間が終了するまで保守料を払い続けて使いたくなるもの（＝スイッチングコストが高い）といえます。

(5) 代替品の脅威

代替品の脅威は、新規技術や顧客ニーズの変化によって既存のゲームルールが大きく変更されてしまったり、市場自体が消滅してしまったりするリスクをはらんでいるという意味において、他の4つの競争要因と性質が異なります。最近の例でいえば、タクシー業界における自動運転技術の発展や、ライドシェアサービス等が代替品の脅威といえるでしょう。中小企業等にとって、このような大きな脅威が迫っている場合には、第6章で説明する事業ドメインの検討をより慎重に実施する必要があります。

■ 第3項　アドバンテージマトリックス

外部環境分析（定性分析）の最後、3つ目の分析手法として、アドバンテージマトリックスを紹介します。

アドバンテージマトリックスとは、戦略系コンサルティングファームであるボストン・コンサルティング・グループ（BCG）が考案した、業界ごとの市場特性を分析する手法です。「規模の経済の効きやすさ」と「競争上の戦略変数の多さ」という2つの軸で、業界の利益率を4つのパターンに分類したものです（図表2−4）。競争上の戦略変数とは、「業界内で自社の利益率を高めるための打ち手」と捉えてください。詳細は以下で説明します。

図表 2 − 4　アドバンテージマトリックス

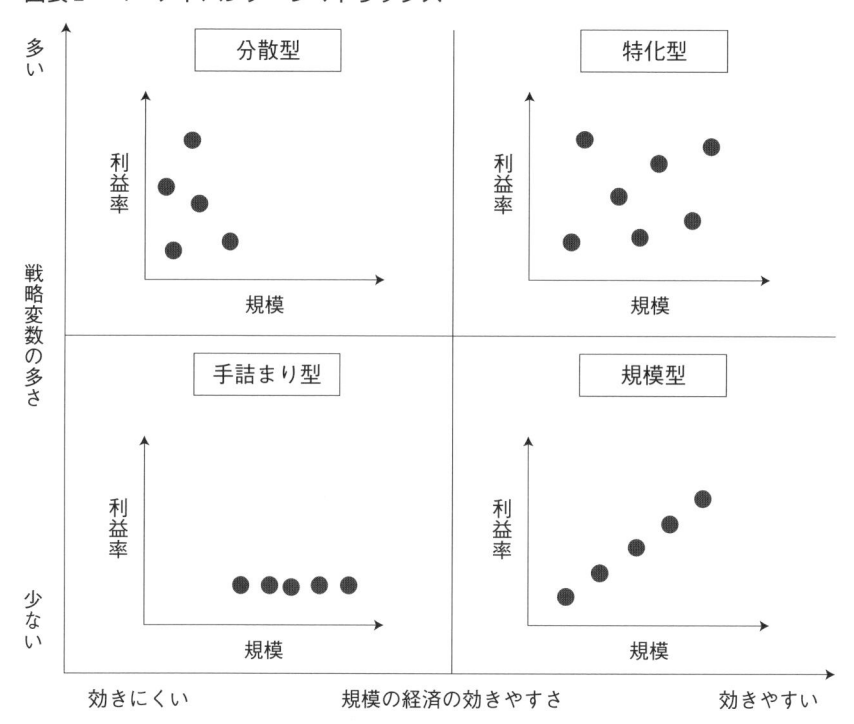

(1)　分 散 型

　図表 2 − 4 で左上の象限に位置する分散型とは、規模の経済が効きにく
く、戦略変数（打ち手）の多い業界をいいます。分散型の事業では、比較的
小規模の企業が乱立しており、小規模企業群のなかに利益率の高い企業、低
い企業がみられることが特徴です。このような業界では規模の「非効率」が
働いてしまい、規模拡大を目指すことはかえって利益率を下げてしまうリス
クがあります。

　戦略変数（打ち手）が多いとは、例えば、飲食店をイメージしていただけ
るとわかりやすいかと思います（第 1 章第 3 節で述べた「飲食店業態の特徴」
も参照）。飲食店には、「立地」「価格」「店の雰囲気」「接客対応」「材料（例
えば、有機野菜やフランス直送野菜など）」「メニュー構成」「味」などさまざ

まな打ち手が存在します。これら打ち手のバランスを考慮し、自社（自店）の特徴を活かすことで自社（自店）のファン層を獲得し、小規模でも利益率の高い事業運営を行うことが可能です。

(2) 特化型

次に、図表2－4の右上の象限にある特化型をみてみましょう。特化型とは、規模の経済が効きやすく、かつ戦略変数（打ち手）の多い業界です。この業界では、ターゲット顧客を絞って事業展開することで利益率を高め、かつ規模の経済を働かせやすいといえます。

例としては、医薬品業界がよくあげられます。医薬品業界には、症状ごとに得意分野を絞って事業展開している製薬会社があり（領域特化型といいます）、その領域のなかで高い利益率を達成することが可能です。また、医薬品は莫大な研究開発費を要するため、規模が拡大するほど単位当りの研究開発費を低減することが可能です（規模の経済が効きやすい）。

(3) 規模型

3つ目として、図表2－4の右下の象限にある規模型をみてみましょう。規模型とは、戦略変数がほとんどなく、規模の経済のみが効く業界です。規模が大きくなるにつれ、利益率が高くなりやすいという特徴をもちます。

鉄鋼産業や化学業界など巨額の設備投資を必要とする企業のほか、開発費や宣伝費などの共有コスト割合の大きい業界（販売数量が増加するにつれ、1個当りのコストが減少する業界）が規模型に該当します。

(4) 手詰まり型

最後は図表2－4の左下の象限にある手詰まり型です。手詰まり型とは、戦略変数がほとんどなく、規模の経済も効きにくい業界です。中小企業は淘汰され、残った中堅・大企業も低収益に喘いでいるという状態に陥りやすい業界です。セメント業界、製紙業界などが例としてあげられます。

アドバンテージマトリックスにおける「自社の事業はそもそも規模の経済が効きやすいのか」「戦略変数（収益改善のための打ち手）はどんなものが考えられるのか」という視点は、今後の方向性を検討する初期段階において有

用です。業界ごとのゲームルールから大きく逸脱した打ち手を選択してしまわないためにも、初期段階で4つの類型のどのタイプに属するのかを検討することを推奨します。

■ 第4項　ケーススタディ：商業印刷G社の外部環境分析
（定性分析）

さて、ここまでで外部環境分析（定性分析）の3つの手法（PEST分析、5 Forces分析、アドバンテージマトリックス）をみてきました。一連の流れをイメージしていただくために、以下で商業印刷を営むG社の外部環境をPEST分析、5 Forces分析、アドバンテージマトリックスを使って分析してみたいと思います。

【G社の概要】

> ・年商：20億円
> ・本社・工場：栃木県
> ・主要顧客：近隣企業60％、大手印刷会社20％、仲間売り（同業他社）20％
> ・主な商材：チラシ、パンフレット、カタログ、カレンダー
> 　G社の売上は年々微減傾向にある。いまの経営を続けているだけではジリ貧になることが想定されるため、地域金融機関担当者の鈴木さんは事業性評価の一環として外部環境分析をしてみようと考えた。

では、鈴木さんの立場に立って、PEST分析→5 Forces分析→アドバンテージマトリックスの順に検討してみましょう。まずはPEST分析です（図表2-5）。

(1)　**政治的要因（Politics）**

印刷業界に直接関連する法令・政治等の大きな動きはありませんが、政治主導による貯蓄から投資への流れのなかで個人株主が増加していくと考えら

図表2－5　PEST分析（G社）

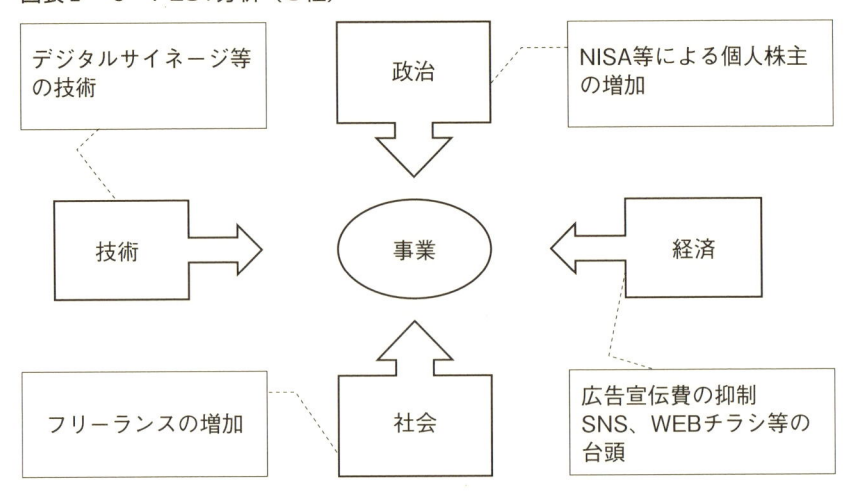

れます。個人株主の増加に伴って、「株主総会招集通知」や「配当金のお知らせ」の封書、株主優待券等の印刷の増加が見込まれます。厳しい事業環境のなかで、ここはプラス要因になると考えられます。

(2)　**経済的要因（Economy）**

　長引く不況の影響から、どの企業も広告宣伝費等のコストを抑制しており、チラシ・パンフレット・カタログ等はそのあおりを食って減少傾向にあります。景気が上向けば広告宣伝費はいくぶん戻ってくるかもしれません。また、SNSやWEBチラシ等、代替的な広告宣伝ツールが台頭してきており、今後もこの流れは続くと考えられます。

(3)　**社会的要因（Society）**

　デザイナーやITエンジニア等、手に職をもった人は企業に所属せずにフリーランスとして働くケースが今後は増えてくるかもしれません。これまでは顧客企業とG社との間で印刷デザイン検討→印刷→製品提供という流れになっていましたが、フリーランスのデザイナーの登場により、顧客企業→フリーランスへデザイン委託→格安ネット通販で印刷というように、「デザイン専門」と「格安印刷専門」のタッグによって市場を奪われるおそれがあり

ます。

⑷ 技術的要因（Technology）

デジタルサイネージ（公共空間・交通機関などでディスプレイを使って情報を発信するツール・メディア）の台頭により、紙以外の宣伝ツールも増えてきています。

以上のように、PEST分析からは政治的要因以外はやや厳しい環境にあることが読み取れます。

次に、5Forces分析を考えてみましょう（図表2－6）。

⑴ 仕入先の交渉力

印刷業界にとって主要な仕入品目は紙やインキです。紙は大手製紙メーカーおよびその系列販売会社から仕入れます。新聞等でも「○○製紙×月から値上げ」という記事をたまに目にしますが、価格決定権は仕入先が握っており、仕入先の交渉力が強い業界といえます。

⑵ 顧客の交渉力

顧客の交渉力も強い業界といえます。差別化の要素としてQCD（品質・費用・納期）を考えてみましょう。Quality（品質）について、商業印刷（チラ

図表2－6　5Forces分析（G社）

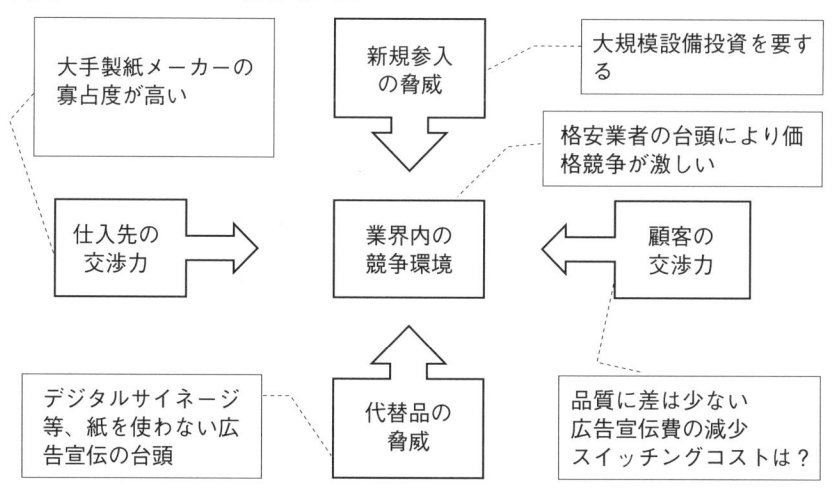

シなど）は品質の差がつきにくく、顧客にとって「どの印刷会社に頼んでも同じ」と思われてしまうと値下げ圧力が強くなります。Cost（費用）はどうでしょう。輪転機であれば24時間稼働させることでコスト吸収力は高まりますし、枚葉機のような人手がかかる機械については稼働率よりも人時生産性を上げたり、多能工化に取り組んだりすることによってコストを抑制することは可能です。このあたりはG社の工場を見学して検討してみる余地がありそうです。最後のDelivery（納期）ですが、概ねどの企業も短納期対応はできていますし、印刷ネット通販会社などは翌日出荷をうたっており、なかなか納期での差別化は難しそうです。

(3) 業界内の競争環境

　もともと業界内の競合社数が多いうえに、規模を活かした格安業者の台頭により、価格競争がますます激しくなっています。

(4) 新規参入の脅威

　市場は縮小傾向にあり、仕入先との関係、顧客との関係、業界内での競争のいずれも厳しい環境にあるため、うまみの少ない業界と考えられます。しかも、輪転機などは多額の設備投資が必要になるため、いまから新たに当業界に参入してくるプレイヤーはいないと考えていいでしょう。

(5) 代替品の脅威

　紙を使わない広告手段として、デジタルサイネージやネット広告が台頭していることが、今後の商業印刷の市場規模に少なからずマイナスの影響を及ぼすと懸念されます。

　最後にアドバンテージマトリックスを考えてみましょう。

　まず、規模の経済が効きやすいかどうかを考えます。規模の経済については、次章（第2節第3項）の「事業の経済性」で詳述するのでここでは簡単に述べますが、規模を大きくすることで固定費負担を軽減できる（固定費に対する規模の経済）、あるいは規模を大きくすることで価格交渉力を高めて仕入価格を低減できる（変動費に対する規模の経済）場合に「規模の経済が効く」といいます。

印刷業界では巨額の研究開発費や広告宣伝費はないことから、固定費に対する規模の経済は効きません。また、Ｇ社がどれだけ規模を大きくしたところで仕入先（製紙メーカー等）に対して価格交渉力を優位にすることは不可能なので、変動費に対する規模の経済も効かない業界といえます。余談になりますが、中小企業等の多くは、規模の経済が効きにくい業種に属しており（そのため中小企業等でも長年生き残っている）、多くは「分散型」に該当するというのが筆者の私見です。

　規模の経済が効かないため、Ｇ社はアドバンテージマトリックス上で「分散型」か「手詰まり型」になります。「手詰まり型」は、中小企業が淘汰され、残った大企業も低利益で推移しているという業界でした。現在のところ、全国各地に多くの中小印刷企業が存在しています。もしかすると将来はネット通販が市場を席巻し、全国の中小印刷企業が淘汰され「手詰まり型」に移行するかもしれませんが、いまはまだ顧客企業に近いところで業務を行うことが顧客のメリットになっている（例えば、デザインや制作物についての密なやり取り、物流コスト面での優位性など）ため、これだけ多くの中小印刷企業が存在しているのでしょう。そこで、ここではＧ社は「分散型」に当たると捉えて、打ち手を考えてみることにします。

　ここまでの分析から、例として以下のような方向性を検討します。

1．PEST分析の結果から、上場企業の株主向け印刷市場を狙えないだろうか。

2．仕入先の交渉力が強いため、「材料単価削減による収益改善」という打ち手は難しいだろう。仕入・材料面で収益改善を検討するのであれば、仕入単価の削減という対外施策よりは、社内の改善活動（不良率の削減等）を優先して検討するほうがいいかもしれない。

3．顧客から「どの印刷会社に頼んでも同じ」と思わせないための仕掛けを構築できないだろうか。QCDのうち、Ｑ（品質）とＤ（納期）で差をつけにくいし、コストをいまより下げて価格競争力だけで勝負する場合、ネット通販会社との直接競争になるので、勝つことは難しいと予想される。一

方で、輪転機の24時間稼働や枚葉機の人時生産性・多能工化による（G社の）コスト対応力については確認しておく必要がありそうだ。

4. 代替品の脅威に対して、デジタルサイネージ分野に進出する場合、当社のノウハウを転用できる部分はどの程度あるだろうか。

5. 企画立案力は競合他社と比較してどの程度優位性があるだろうか。

6. 紙以外の特殊印刷分野に進出できないだろうか。

7. コスト以外の打ち手として、顧客の“煩わしさ”を解消してあげることでオンリーワンの存在になれないだろうか。自社で制作したチラシは出荷されたあと、顧客がポスティング業者に配布を委託することになる。ポスティング業者への委託までの手続を自社が代行することで、顧客は業務の手間を省くことができるため、追加料金を払ってでも「当社に頼みたい」と思ってもらえないだろうか。

8. あるいは、G社の事業を「顧客のチラシを作成している」ではなく「顧客の販売促進を支援している」と定義し、販売促進・マーケティング支援にまで事業領域を広げられないだろうか。

　以上のようなことを構想しますが、ここでは将来の方向性を検討するにとどめ、具体的な打ち手は次節、外部環境分析の手法（定量分析）や、第3章の内部環境分析（定量分析）、第5章の内部環境分析（定性分析）の結果も勘案して検討していくことになります。

　いかがでしょうか。外部環境分析を組み合わせて検討することで、「ただ闇雲に頑張る」「とにかくコストを削減する」という大雑把な努力目標を掲げるのではなく、「いまのままの事業を続けてよいか」「改善の打ち手はどこにありそうか」と、具体的に検討する材料が少しみえてくるのではないでしょうか。

　地域金融機関の担当者が作成する事業性評価資料をみていると、外部環境分析では外部の環境を事実として述べているだけ、PEST分析や5 Forces分析は穴埋め作業をしているだけというケースによく出会います。これでは各分析（資料の各ページ）がぶつ切りになり、ストーリーがないために経営者

に「刺さらない」のではないかと思われます。

　第1章（組織図・事業構造分析・商流図）と同様に、第2章の外部環境分析でも、分析結果から仮説を立てることが重要です。仮説を立てて、ストーリーを紡いでいくことで経営者に「刺さる」提言が可能になります。

第3節　外部環境分析の手法（定量分析）

　前節では外部環境分析のうち、PEST分析、5 Forces分析、アドバンテージマトリックスの3つをみてきました。それぞれのツールの目的を要約すると、PEST分析は業界の大きなトレンドを知るためのツール、5 Forces分析は業界の儲けやすさ・儲けにくさを把握するとともに、自社の業績改善ポイントがどこにありそうかを検討するためのツール、アドバンテージマトリックスは自社の事業は規模の経済が効きやすいか、規模以外の打ち手にどのようなものがあるかを検討するためのツールでした。これら3つのツールは、どちらかというと、定量的な分析というより定性的な分析に該当します。本節では定量的な側面から外部環境を分析する手法を学びたいと思います。手法といっても、地域金融機関の皆さんは定量的な外部環境分析についてはある程度見慣れている・使い慣れていると思われますので、前節で紹介したような「分析のやり方」や「フレームワーク」ではなく、主に「統計データ等の情報源の紹介」と、「情報の見方」について紹介します。

　定量的な外部環境としては以下の2つがあげられます。

---

　①　市場規模の把握
　②　業界平均指標

　上場企業であれば、同業他社の財務諸表も3つ目にあげられますが、中小企業等では個社の情報が開示されているケースはほぼないので、ここでは同業他社の財務諸表は割愛します。

■ 第1項　市場規模の把握

　自社の属する業界の市場規模を調べる方法としては、以下があげられます。

①　官公庁の統計データから調べる

②　業界団体の統計データから調べる

③　同業の上場企業のIR情報を調べる

④　民間調査会社のデータを利用する

⑤　フェルミ推定により自分で試算する

順番にみていきましょう。

(1)　官公庁の統計データから調べる

　最も情報量が多く、調査の入り口として利用しやすいのはe-stat（政府統計の総合窓口）でしょう（URL：e-stat.go.jp）。分野別検索（17の統計分野）や、キーワード検索が可能です。ただし、統計によっては日本全国の数字しか載っていないものも多く、商圏が特定の地域に限られるような中小企業等の外部環境を分析する場合には市場が大きすぎることになります。このような場合には、47都道府県および政令指定都市のホームページに掲載されている「統計年鑑」（URL：https://www.stat.go.jp/Library/faq/faq-r02.html）で市場を絞って調査するほうが、より正確な市場規模を把握できます。地域金融機関の顧客企業は限られたエリア内で商売しているケースが多いので、e-statよりは統計年鑑のほうが適しているケースが多いと思います。是非皆さんも試しに使ってみてください。なお、ソースデータとしてe-statがいいか統計年鑑がいいかは、対象企業の商圏によって異なります。第1章の商流図や事業構造分析で学んだように、対象企業の商圏を常に頭に置いて調査するよう留意してください。

　また、統計データそのものではありませんが、調査したい分野に関してどのような文献やレポートがあるのかを調べるツールとして国立国会図書館サーチ（NDL SEARCH　https://ndlsearch.ndl.go.jp/）も有用です。キーワード検索すると、国立国会図書館の蔵書から関連度の高い資料の一覧がリストアップされ、インターネット上で閲覧できるもの（データベース化されている

もの）はその場で中身を確認できます。

(2) 業界団体の統計データから調べる

　大きな業界団体では、独自に会員企業からの情報を集約し、統計データを出しています。(1)の官公庁の統計データよりも小規模な調査になるぶん、速報数値を把握することが可能です。調べ方としては、対象企業の経営者に業界団体・組合等に所属しているか確認することや、少しアナログな手法ですが、「○○組合」「○○業界団体」（○○は例えば「リネンサービス」「金属加工」などの業種分類）で調査するとヒットすることがあります。

(3) 同業の上場企業のIR情報を調べる

　もし対象企業と同業で上場している企業があれば、当該上場企業のIR情報を調べることも有用です。IR情報としては、有価証券報告書、決算説明資料、統合報告書等があります。これらの情報は、自社の事業内容や外部環境を投資家にわかりやすく説明するように作成されているため、市場規模の情報のほかに、業界を取り巻く機会や脅威、業界構造（PEST分析や5 Forces分析の情報）も載っていることがあります。

(4) 民間調査会社のデータを利用する

　皆さんにとって最も身近な調査データは「業種別審査事典」かと思います。市場規模のほか、商流、留意点、業界平均指標などが載っているため、入り口としてとても利用しやすいと思います。筆者も初めての業種の企業を担当する際は、まず「業種別審査事典」を確認し、その後に統計年鑑を調べるという順で調査しています。

(5) フェルミ推定により自分で試算する

　フェルミ推定とは、一見予想もつかないような数字を、論理的思考能力だけを頼りに推定することです。有名な例として「日本に電柱は何本あるか」「ガソリンスタンドは何軒あるか」などの問題があります。フェルミ推定については既に多くの書籍が出ているので詳細は割愛しますが、イメージをもっていただくために「そうめんの市場規模はいくらか」を、フェルミ推定で簡単に推測してみましょう。

日本の人口は約1億2,000万人、世帯数は4,000万世帯（1世帯平均3人）と想定します。スーパーでそうめんを買うと、1袋6束入りで300円程度でしょうか。夏にたくさん消費しますが、年間で10袋買えば多いほうだと思われます。1世帯当り6袋くらいを年間に消費すると仮定します。すると、4,000万世帯×300円×6袋＝720億円と計算できます。全国乾麺協同組合連合会の推定によると、そうめんとひやむぎの市場規模はおよそ910億円とのことなので、割と近い数字になっていると思われます。

　フェルミ推定による結果は、「1桁以上ずれていなければOK」くらいの感覚で、ざっくりと数値を置いて計算していくことが重要です。本書のテーマである仮説思考を鍛えることにもつながりますので、皆さんも担当する企業の市場規模を調べる際には、統計データを探す前にフェルミ推定でざっくりと推定してみてはいかがでしょうか。

▌第2項　業界平均指標

　続いて定量的な外部環境分析のもう1つの手法である業界平均指標を紹介します。

　分析対象企業が中小企業等・非上場企業の場合は業界平均指標をベンチマークとし、大企業・上場企業の場合は競合相手をベンチマークとして分析するほうがいいでしょう。大企業・上場企業であれば、競合相手も上場企業であることが多く、有価証券報告書などの財務情報を閲覧することができます。また、アナリストレポートなどの分析情報も充実しているため、競合相手を分析することが比較的容易です。一方、中小企業等にとっては、直接競合先も非上場であることが多く、外部から把握できる情報に限りがあります。また、直接競合先がそもそも儲かっていない場合、直接競合先をベンチマークとして分析する意義が乏しくなります。

　幸いなことに、わが国では中小企業の経営指標（業界平均値）に関する情報が充実しているため、中小企業等の事業性評価を行う場合には業界平均の経営指標を分析することを推奨します。業界平均の経営指標をベンチマーク

図表2－7　中小企業等の経営指標

出所	資料名	更新頻度
中小企業庁	中小企業実態基本調査	毎年
日本政策金融公庫	小企業の経営指標	隔年
TKCグループ	TKC経営指標（BAST）	毎年
金融財政事情研究会	業種別審査事典	4年ごと

とすることで対象企業の課題仮説を洗い出すことができます。

　まず、業界数値を把握するうえで参考になるデータを図表2－7に記載しましたので、ご確認ください。

　ここでも皆さんになじみがあるのはTKC経営指標（BAST）や「業種別審査事典」かと思います。ここではBASTに掲載されている情報のうち、事業性評価において特に重要な経営指標を図表2－8で紹介します。

　以上7項目が事業性評価において特に重要と思われる指標です。図表2－8にあげたリストをみると、No.2からNo.5までがP/Lに着目した指標、No.5、No.6が人とP/Lに着目した指標、No.7がB/Sに着目した指標ということで、事業性評価においては、P/Lと人に着目した指標が重要指標になります。これまでの融資スタンスが「過去のB/Sをみる」ことだったとすると、事業性評価では「現在および将来のP/Lをみる」ことが求められているといえます。そのため、事業性評価においてはP/Lに着目した指標が重要となりますし、最も重要な経営資源である人に着目した指標が重要になることもご理解いただけると思います。

　余談になりますが、融資判断で重視される「純資産（自己資本）比率」などはまさに「過去のB/S」でしかなく、事業性評価においてはあまり有意な情報を提供しません。あえて純資産をチェックするならば、「利益剰余金の厚さ」と「社歴の長さ」をチェックするくらいで十分でしょう。社歴が長く、利益剰余金が厚い企業であれば、「儲けるビジネスモデルが構築できているのではないか」とか、「コツコツと堅実経営で利益を積み立ててきたの

図表 2 - 8　事業性評価において特に重要な経営指標

No.	項目	内容
1	黒字企業割合	全企業に対して黒字企業がどの程度あるのかを把握します。黒字企業割合は、業種によって20％前半〜70％後半と大きな乖離があります。黒字企業割合を把握することで、5 Forces分析で仮説を立てた業種の儲けやすさ・儲けにくさを確認することができます。
2	営業利益率	事業性評価の最重要指標になります（注）。 "本業"でどれだけ稼ぐ力があるかを示しているため、事業性評価においては経常利益率や純利益率よりも重要です。 （注）　上場企業であれば、ROEやROICなどのB/S項目も絡めた収益性指標が重要になりますが、非上場の中小企業等ではP/Lのみに着目した収益性指標で十分と考えます。
3	各費用比率	売上〜営業利益の間にある各費用（材料費・労務費・外注費・製造経費・人件費等）の売上高に対する比率です。どのような費用構成になっているかを把握し、自社と比較（第4章）するために重要な指標になります。
4	1人当り売上高	本章冒頭で説明したように、経営資源の乏しい中小企業等はいかに「ありもの」で勝負するかが重要になります。P/Lで最も大きい費用項目である労務費・人件費をいかに有効に活用し、売上を獲得できているかという点で重要になりますし、収益性の差が出やすい指標になります。
5	1人当り人件費	労働力不足と賃上げが進む昨今において、1人当り人件費が低い企業は人の採用・定着で今後厳しい環境に置かれることが想定されます。対象企業の1人当り人件費が低すぎないか（従業員の犠牲の上に事業が成り立っていないか）注意が必要です。
6	労働生産性	TKCでは「営業利益÷平均従業員数」で算出されます。「1人当り営業利益」と読み替えてもよいでしょう。1人当り売上高と同様に、収益性の差が出やすい指標です。
7	棚卸資産回転期間	何日分の棚卸資産を保有しているかの目安となる指標です。事業運営の巧拙やビジネスモデルの差が出やすい指標です。

だろう」と推測できます。逆に、社歴が長いのに利益剰余金が薄い企業であれば、「過去に大きな失敗をしたのではないか」「外部環境に影響を受けやすい事業ではないか」などと推測できます。いわば、長い社歴のなかで社内に染み付いたDNAを垣間見ることができます。

B/S項目はあまり重要ではないというのが筆者の考えですが、No.7（棚卸資産回転率）はB/Sに着目した指標になっています。棚卸資産回転率を重要指標としてあげたのは、ビジネスモデルの違いが出やすい項目になるからです。この点について、図表2－9をご覧ください。

棚卸資産回転期間がいずれも3か月（＝30÷120×12か月）のB～D社ですが、在庫の持ち方に違いがあります。

B社、C社は製品在庫がゼロなので、受注生産型の事業を行っていることがわかります（製品が完成したら顧客へ即引き渡しになるため、製品在庫は残らない）。また、B社は原材料も所持していないため、完全受注生産（顧客の注文を受けてから原材料を調達する流れ）であることがわかります。また、仕掛品がB社は30（3か月）、C社は20（2か月）あることから、B社、C社の生産リードタイムはそれぞれおよそ3か月、2か月であるという仮説が立てられます。このような仮説をもった後でB社、C社の工場を見学することで、「やはり3か月くらいかかりそうだ」という仮説検証や、「もっと短期間で完成しそうな工程なのに……。製造工程の効率化に課題があるのではないか」といった次の仮説を構築することができます。最後にD社は製品在庫を保有

図表2－9　在庫の持ち方によるビジネスモデルの違い

（単位：百万円）

	B社	C社	D社
売上原価	120	120	120
棚卸資産	30	30	30
原材料	0	10	5
仕掛品	30	20	10
製品	0	0	15

しているので、見込生産型のビジネスモデルだといえます。

　このように、「棚卸資産回転期間」をみただけでは、棚卸資産が多い・少ないしかいえませんが、棚卸資産の内訳まで把握することで、どのようなビジネスを行っているのか、製造工程の流れと比較して仕掛品は多すぎないかといった示唆を得ることができます。

第4節　第2章のまとめ

　第2章では外部環境を定性面と定量面から分析する手法を紹介しました。

　定性分析では、まずPEST分析により業界の大きなトレンドを把握し、中長期の事業機会とリスクを把握します。次にもう少しミクロな視点で、自社を取り巻く業界構造を5 Forces分析により概観し、業界の儲けやすさ・儲けにくさと、収益改善のポイントがどこにありそうかを考えます。アドバンテージマトリックスでは、規模の経済が効きやすいかどうか、収益改善の打ち手として何が考えられるかを検討します。

　定量分析に関しては、主に「統計データ等の情報源の紹介」と「情報の見方」について簡単に紹介しました。ローカルな経済圏で事業を運営している中小企業等の場合には、各都道府県が開示している統計年鑑が有用です。また、同業の上場企業があれば、当該企業のIR情報も覗いてみましょう。定性・定量の両方の情報が掲載されており、手っ取り早く業界の外部環境を把握することができます。最後に事業性評価において重要な経営指標を紹介しました。事業性評価とは、「現在および将来のP/Lを評価すること」といえますので、P/Lと人に着目した経営指標が特に重要になります。また、各種指標から企業のビジネスモデルや企業が抱えている問題点についての仮説を立てることも可能です。

　本章で紹介した「統計データ等の情報源」と「情報の見方」については、第4章（初期仮説を立てる）で対象企業の財務情報をより深く分析する際に必要な知識になりますので、第4章でケーススタディを交えながら再度解説していきます。

第 **3** 章

内部環境分析
（定量分析）

図表3－1　内部環境分析（定量分析）

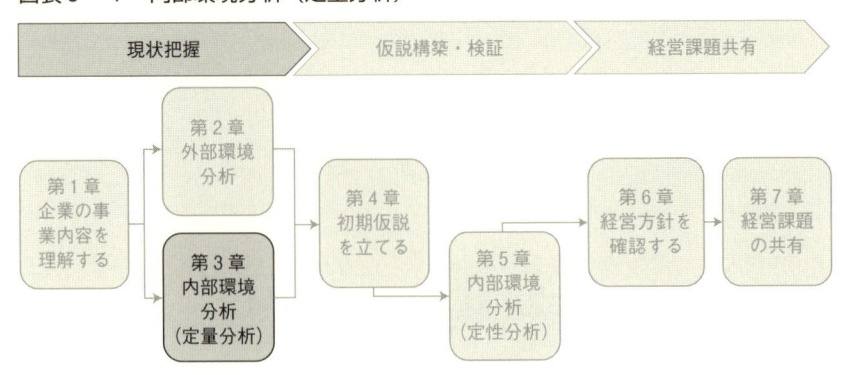

　序章で本書の構成について簡単に紹介しましたが、第3章〜第5章の関係について再度紹介します。

　第3章では企業の財務数値のうち、コスト構造、事業の経済性（コストを低減し、競合に対して優位性を築くための仕組み・メカニズム）、収益性の分析手法を紹介します。ここで紹介した考え方と、前章第3節（外部環境の定量分析）の手法を用いて第4章で初期仮説を構築します。第5章では、外部・内部環境分析（定量分析）で構築した初期仮説を、定性分析により検証・確認するという流れになります。

　第4章が本書の最重要テーマになりますが、第3章は初期仮説を立てるための土台となる部分ですので、しっかりと理解を深めてください。

第 1 節　内部環境分析（定量分析）の目的

　内部環境分析（定量分析）の目的は、事業性を定量面から分析することです。事業性評価は「将来のP/Lを評価すること」と述べましたが、将来のP/Lを評価するには、まず、過去〜現在のP/Lの状況を把握する必要があります。定量面の分析をないがしろにして定性面の分析だけ実施しても、企業の事業性を正しく評価することはできません。第4章で定量分析結果から初期仮説を構築しますが、第3章はそのための分析の手法、着眼点について紹介します。

第 2 節　内部環境分析（定量分析）の手法

　企業のコスト構造を把握する手法として、固変分解（各コストを固定費・変動費に分解すること。第1項）、主要コストの把握（第2項）、事業の経済性（第3項）を紹介します。製造原価報告書や販管費をチェックし、主要なコスト項目は何か・それらはどのような活動から発生しているかを確認し、事業活動を定量面から評価します。

　「固変分解」と「主要コストの把握」は具体的な数値や勘定科目を用いて分析しますが、「事業の経済性」については、具体的な数値や勘定科目からは一歩引いて、事業を運営するうえで、コストを低減し競合に対して優位性を築くための仕組み・メカニズムにはどのような枠組み・考え方があるかを紹介します。

　コスト構造の把握の次は、企業の収益性を分析する手法を紹介します（第4項）。収益性については、商品別売上データや顧客別売上データなどを用いて分析します。顧客企業から詳細データを開示してもらう必要がありますが、これまでの取組みで信頼関係を醸成できていれば情報開示のハードルもクリアしやすくなると思いますので是非チャレンジしてみてください。

■ 第1項　固変分解

⑴　固変分解とは

　固変分解とは、P/Lの費用項目を変動費（売上の増減に比例して増減するコスト）と固定費（売上の増減にかかわらず一定額が発生するコスト）に分解することをいいます。図表3－2をご覧ください。

　図表3－2の左側は、皆さんが普段見慣れたP/Lです。このP/Lを変動費と固定費に分解し、並び替えると右側のような表になります。固変分解したP/Lでは、売上高から変動費を控除して限界利益を算出し、限界利益から固定費を控除して営業利益を算出します。なお、各コストが変動費または固定

図表3-2 固変分解

売上高	1,000	100%
材料費	400	変動費
労務費	150	固定費
外注費	100	変動費
他製造経費	50	固定費
売上原価	700	70%
粗利	300	30%
販売手数料	30	変動費
運送費	30	変動費
人件費	80	固定費
家賃	30	固定費
水道光熱費	20	固定費
……	10	固定費
販管費	200	
営業利益	100	

売上高	1,000	100%
材料費	400	
外注費	100	
販売手数料	30	
運送費	30	
変動費	560	56%
限界利益	440	44%
労務費	150	
他製造経費	50	
人件費	80	
家賃	30	
水道光熱費	20	
……	10	
固定費	340	
営業利益	100	

費のいずれに分類されるかは、会社の活動内容に応じて変わってきます。図表3-2では労務費を固定費としていますが、例えばアルバイト・パート等、繁閑状況に応じてシフトが調整され、それによって支払われる賃金が変動するような場合には労務費は固定費ではなく変動費になります。

　また、販売手数料や運送費も同様です。図表3-2では変動費としていますが、売上にかかわらず一定額発生するような性質（例えば、ルート配送契約の場合の運送費等）であれば、変動費ではなく固定費になります。

　P/Lを固変分解する方法はご理解いただけたと思いますので、固変分解する目的を紹介します。

(2)　固変分解の目的

　固変分解の目的には、①損益分岐点を把握する、②事業計画の基礎データ

として活用する、③商品戦略や受注価格の検討に活用する、④ビジネスモデルが変動費型か固定費型かを把握する、の４つがあります。このうち、①は本書で説明しなくとも既に皆さんご存じでしょうし、②や③は実際に事業計画を策定したり、販売価格を決定したりする際に必要になりますが、地域金融機関の行う事業性評価とはあまり関係がないので説明を割愛します。ここでは、事業性評価で重要になる「④ビジネスモデルが変動費型か固定費型かを把握する」を説明します。図表３－３をご覧ください。

　Ａ、Ｂ両事業とも、売上1,000、営業利益100となっていますが、コスト構造が大きく異なります。Ａ事業は変動費率が70％もある一方で固定費率は20％しかなく、Ｂ事業は変動費率が20％しかない一方で固定費率が70％もあります。Ａ事業のような変動費率が高い事業を「変動費型事業」と呼び、Ｂ事業のような固定費率が高い事業を「固定費型事業」と呼びます。一般的に、卸売業や小売業は変動費型事業、旅館・ホテルや鉄道・航空会社などは固定費型事業といわれます。変動費型・固定費型それぞれの事業で売上が10％増減した場合のP/Lは図表３－４のようになります。

　Ａ事業は売上10％の増減に対し、営業利益の増減額は±30で収まっているのに対し、Ｂ事業の営業利益の増減額は±80と大きく変化しています。

　このように、コスト構造が変動費型（Ａ事業）か固定費型（Ｂ事業）かによって、売上の増減が利益に与える影響に違いが出るのですが、この違いが事業性の評価にどのようにかかわってくるかを考えてみましょう。

　変動費型事業（Ａ事業）では、売上の増減が利益に与える影響が小さく、もともと固定費も少ないため、収益性を改善しようとする場合、変動費率をいかに下げるか、例えば、材料・商品の仕入価格を削減する、製品不良率を削減する、外注費率を削減するといった施策が重要になります。

　一方、固定費型事業（Ｂ事業）で収益性を改善しようとする場合、変動費率はもともと低いため、変動費率をいかに下げるかよりも、固定費をいかに削減するか、売上をいかに増加させるかといった施策が重要になります。

　このように、変動費型事業か固定費型事業かにより、収益改善の着眼点が

図表3－3　変動費型・固定費型

	A事業	B事業
売上高	1,000	1,000
変動費	700	200
限界利益	300	800
固定費	200	700
営業利益	100	100

図表3－4　感度分析

		A事業	B事業
売上10%増	売上高	1,100	1,100
	変動費	770	220
	限界利益	330	880
	固定費	200	700
	営業利益	130	180
売上10%減	売上高	900	900
	変動費	630	180
	限界利益	270	720
	固定費	200	700
	営業利益	70	20

異なります。変動費型事業であるにもかかわらず、変動費率の低減施策を脇に置いて、固定費の削減施策や売上増加施策ばかりを検討するのは"筋が悪い"施策になってしまいます。逆に、固定費型事業であるにもかかわらず、固定費の削減施策や売上増加施策を脇に置いて、変動費率の低減施策ばかりを検討するのも同様に"筋が悪い"施策になってしまいます。

　皆さんも、担当する企業のP/Lを固変分解し、変動費型事業か固定費型事

業かを確認してみましょう。そこから、収益改善の着眼点がどこにあるかを考えてみてください。

　次項では、主要コストの把握に入りますが、これは、変動費型か固定費型かという視点をより掘り下げた分析になります。

■ 第2項　主要コストの把握

　図表3−5は、トラック運送業、食肉卸売業とプラスチック製品製造業のP/Lを固変分解したものです。3事業の変動費率・固定費率をみるとわかるように、トラック運送業は固定費型事業（固定費率70%）、食肉卸売業は変動費型事業（変動費率82%）となっており、プラスチック製品製造業はその中間の"折衷型事業"となっています。3つの事業それぞれについて、どのコストに着目し、そこからどのように事業性を評価するのが効果的かを考えてみましょう。

(1)　トラック運送業のコスト構造

　まずトラック運送業のコスト構造を分析します。

図表3−5　コスト構造の把握

（単位：千円、%）

	トラック運送業		食肉卸売業		プラスチック 製品製造業	
売上高	505,141	100	1,073,888	100	589,843	100
変動費	136,107	27	881,677	82	319,755	54
商品原価	27,781	5	808,248	75	61,184	10
材料費	24,788	5	70,334	7	208,713	35
外注費	83,538	17	3,095	0	49,858	8
限界利益	369,034	73	192,211	18	270,088	46
固定費	354,727	70	172,978	16	242,114	41
営業利益	14,307	3	19,233	2	27,974	5

（注）　第14次業種別審査事典・TKC経営指標より作成。

トラック運送業の変動費は、燃料代、高速道路使用料、タイヤ・エンジンオイル等の車両部品代、傭車代（外注費）があげられますが、これら変動費は売上の27％しかありません。一方、固定費は車両の維持管理費（減価償却費・リース料・車検料）、人件費、運送管理システム維持費等があり、これら固定費が売上の70％を占めています。

　このようにトラック運送業は典型的な固定費型事業であることから、「燃料費を削減するために代替仕入先を検索しているか」「傭車代（外注費）の削減努力はできているか」といった変動費に着目した事業性評価は後回しにしてよいでしょう。まずは固定費に着目し、「固定費をいかに削減するか、売上をいかに増加させるか」が検討すべき点になります。トラック運送業の主要な固定費は車両維持費・運転手の人件費になりますが、2024年4月以降はトラック運送の需要環境が好転すると予想されているため、これら売上に直結するコストを削減するのは妥当ではないでしょう。そうすると、コスト削減については運転手以外の人件費をいかに削減するか、例えば、IT導入により省人化して事業を運営できないか、などが考えられます。組織図で部門別人員数を把握し、第5章の内部環境分析でシステム利用状況を確認することで、仮説を立て、検証していくプロセスを踏むことが重要です。

　また、トラック運送業の需要環境が好転することを考えると、コスト削減ではなく売上をいかに増加させるかがより重要になります。現状の固定費を維持したままで売上を上げるためには、契約単価を上げること以外に、車両の稼働状況を改善することが考えられます。そのためには、ルート別・車両別・顧客別の採算状況を確認し、稼働率の低いルートを明らかにする必要があります。中小トラック運送業では、ルート別・車両別・顧客別の採算状況がブラックボックスになっているケースが多いので、このような視点で採算管理することを提言し、あるいは一緒に採算管理の仕組みを作り上げていくことが本当の意味での事業性評価になります。採算状況が明らかになれば、その後は、精度の高いビジネスマッチング（顧客企業の紹介）が可能になるなど、金融機関のネットワークを使ったソリューションの提供が可能になり

ます。

⑵　食肉卸売業のコスト構造

　続いて食肉卸売業のコスト構造を分析します。まず、食肉卸売業のビジネスをイメージしていただくために、牛肉卸売業を例にあげて事業内容を簡単に紹介します。牛肉卸売業は、まず卸売市場で枝肉（骨付きの大きな塊肉）をセリ落とし、自社の加工場で骨や脂を切り取ってカルビやロースなどの部位に切り分けたあと、顧客である飲食店やスーパー等へ販売します。以上の食品卸売業の業務の流れを意識しながらコスト構造を分析してみましょう。

　食肉卸売業では、商品原価と材料費の合計が売上の82％を占める典型的な変動費型事業になります。変動費型事業なので、真っ先に着目するべきは「変動費率をいかに下げるか」という点です。そこで、まずは単価に注目し、「仕入単価の削減によって変動費率を下げる」、あるいは「販売単価の上昇によって変動費率を下げる」という方針について考えてみましょう。単価に着目する場合は、まず5 Forces分析の視点で考えてみましょう。5 Forces分析の視点で考えると、仕入サイドについては落札競争になるため、他社より安いコストで仕入れることはできません。販売サイドについては、スーパー等の大口顧客向けでは価格交渉は難しいでしょう。小口顧客のうち、高級路線の飲食店向けに高品質の肉を提供する場合には、ある程度の価格交渉力はあると思われます。しかし、飲食店にとって肉はメニュー構成のなかでも高価な商材になるため、仕入価格を抑える誘因が強く働きます。

　このような外部環境下では、仕入価格の削減や販売価格の値上げによる変動費率の低減は難しそうです。そのため、食肉卸売業で変動費率を低減しようとする場合には、単価ではなく数量に着目した改善策、すなわち、歩留まりを改善することが最も重要になります。歩留まりとは、例えば100kgの枝肉を部分肉（骨を切り分けた肉）→精肉（カルビやロースなどの商品）と加工処理していったときに、最終商品として何kg残せるかという指標をいいます。最終商品が60kgなら歩留まり率は60％となります。熟練の作業者が加工処理をすると、骨や余分な脂は奇麗にそぎ落とされ、歩留まり率を高い水

準で維持できますが、未熟な作業者が加工処理をすると、商品として販売できる精肉部分までそぎ落とされてしまい、歩留まり率が低くなってしまいます。食肉はkg当り〇円という計算式で販売価格が決まるため、歩留まり率の差は、そのまま売上高の差となって表れます。

　このように、単価改善による収益改善が難しい業種では数量改善に着目し、歩留まり率を高い水準で維持する取組み、例えば、機械設備のメンテナンスはしっかりされているか、従業員のスキル向上のために指導・育成は十分なされているかといった点を確認することが事業性を評価するうえで重要な視点になります。

　なお、冒頭で「食肉卸売業では単価に着目した改善は難しい」と述べましたが、得意先別採算をチェックしたときに赤字になっているようなケースでは、当然、販売価格の交渉等の改善策が必要になります。売上総利益率が低い業種（食肉卸売業は15％程度）では、大きな赤字取引が１つあると、それまでコツコツ積み重ねてきた利益が吹き飛んでしまいます。利幅の薄い事業ではきめ細やかな採算管理が特に重要になりますので、得意先別や商品別の採算管理ができているか、また、その前提となる原価の把握がしっかりできているかは必ず確認するようにしてください。

⑶　プラスチック製品製造業のコスト構造

　最後にプラスチック製品製造業のコスト構造を分析します。図表３−５より、プラスチック製品製造業は、変動費率が54％、固定費率が41％となっており、変動費型事業と固定費型事業の中間に位置する“折衷型事業”でした。折衷型事業では、変動費・固定費いずれにも着目して改善ポイントを探し出す必要があります。

　図表３−６は、プラスチック製品製造業に限らず、製造業の主要なコストに係る着眼点を図示したものです。製造業のコストを〈変動費・固定費〉→〈材料費・外注費等の勘定科目〉→〈勘定科目ごとの単価・数量等のコスト要素〉に分解したツリーになります。

　材料費や外注費等の変動費は単価と数量に分解し、労務費・人件費やその

図表3－6　製造業のコスト分解ツリー

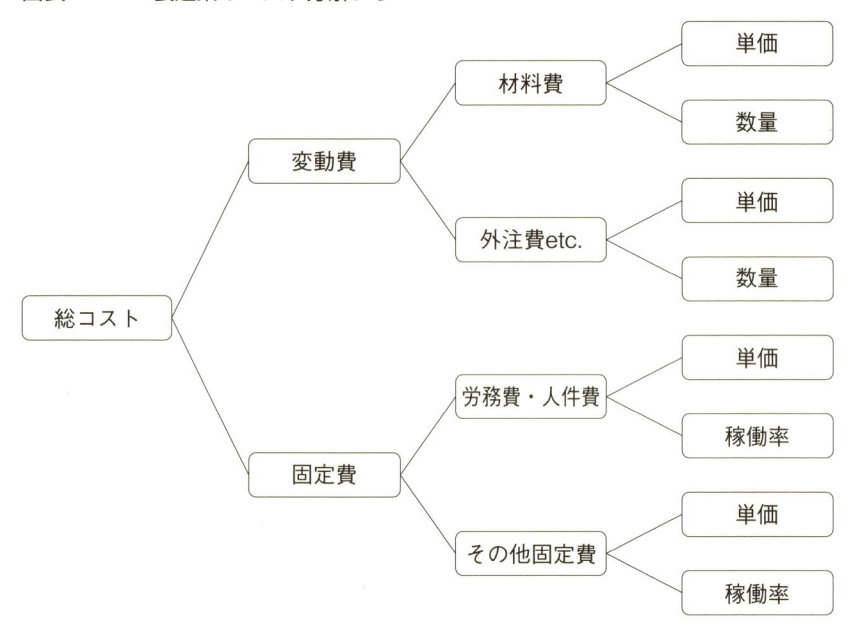

他固定費は単価と稼働率に分解して考えます。このようにコスト要素を考慮しながら、各勘定科目における着眼点をみていきましょう。

(ア)　材　料　費

　材料費は、仕入単価をいまより低減させることができないかという単価の視点と、不良品率は妥当な水準かという数量の視点で考える必要があります。変動費型事業である食肉卸売業の考え方と同様になります。5 Forces分析（第2章第2節第2項で紹介）の結果も考慮して、定性・定量の両面から分析します。

(イ)　外　注　費

　外注費も単価の視点は材料費と同じですが、数量の視点については、"現在、外注している業務は何か、内製化することによって外注費を削減できないか"という視点で考える必要があります。商流図（第1章第3節で紹介）をきちんと作成できていれば、定量・定性の両面からの分析が可能になりま

す。

㈦　労務費・人件費

　労務費・人件費については、単価（給与水準）を下げるのは難しいでしょう。これまで述べてきたように、中小企業等にとって人手不足が大きな課題になると想定されており、このような環境下で単価を下げてしまうと、採用・定着いずれの面でも不利になりますし、いまいる従業員のモチベーションを著しく低下させてしまいます。むしろ、単価が低い場合のほうが事業継続のリスクが高いと考えられます。そのため、労務費・人件費については単価よりも稼働率（人時生産性、1人当り売上高や労働生産性）に着目するほうがいいでしょう。ヒトという経営資源をどれだけ有効に活用できているか、自動化やIT導入により、より付加価値の高い業務にヒトの業務を移せないかという視点で考えましょう。

㈣　その他固定費

　その他固定費は雑多な勘定科目で構成されるため、個々の科目の単価に着眼するよりは稼働率に着目するほうがいいでしょう。工場・機械の減価償却費等は稼働していないときも常に一定額発生するため、モノという経営資源をどれだけ有効に活用できているかという視点で考える必要があります。固定費型事業であるトラック運送業と同様の考え方になります。

■ 第3項　事業の経済性

　事業の経済性とは、競合に対して優位性を築くためのコスト低減の仕組み・メカニズムを指します。事業の経済性の主要な枠組みとして、①規模の経済性、②範囲の経済性、③経験効果、④密度の経済性、⑤ネットワーク外部性などがあげられます。

　以下で①〜⑤の内容について紹介しますが、筆者の考えでは、中小企業等は特に②範囲の経済性、③経験効果、④密度の経済性が重要になります。皆さんの担当する企業について、②〜④のどの経済性が該当しそうか、イメージしながら読み進めてください。一方、①規模の経済性と⑤ネットワーク外

部性が中小企業等に当てはまるケースは少ないと思われますので、この2つについては"そういう見方もあるのか"程度に読み流していただいてかまいません。

(1) 規模の経済性

規模の経済性とは、事業規模（＝売上高）が大きくなるほど単位当りのコストが低下することをいいます。研究開発費や広告宣伝費などに費やしたコスト（固定費）は、売上高が増えれば増えるほど、単位当りコストは逓減します。多額の固定費が発生するような業種、例えば製薬・化粧品・自動車・家電メーカーなどは規模の経済が効くといえるでしょう。このように、規模の経済性は固定費分散効果に着目して説明されることが多いのですが、規模が大きくなるほど購買力が増すことで、仕入単価（変動費）を抑えることができるような業種でも規模の経済が効くといえます。医薬品卸業や家電量販店がその例といえます。

(2) 範囲の経済性

範囲の経済性とは、ある経営資源や固定費を複数の事業で共有することで、各事業を単独で行った場合に比べてコストを低減させる効果をいいます。「シナジーが効く」などのフレーズを目にしたことがあると思いますが、この「シナジー」とは範囲の経済性とほぼ同じ意味です。「シナジーが効く」というフレーズは安易に使われがちですが、本当にシナジーが効くかどうかは、生産シナジー、販売シナジー、投資シナジー、経営シナジーの4つの視点で考える必要があります。

(ア) 生産シナジー

生産シナジーとは、既存の生産資源（製造設備や材料、人員など）を用いて他の製品を作ることで、単位当りの製造コストを低減させる効果をいいます。例えば、既存商品の販売が頭打ちになってきた場合や、製造設備の稼働率が低い場合に、同じ生産資源で別の製品を作ることができれば低コストで製造が可能になります。

(イ)　販売シナジー

　販売シナジーとは、既存の販売チャネルや既存顧客に対して、別の商品を販売することをいいます。新たに顧客を開拓したり、販売チャネルを構築したりする必要がなく、既存の販売ネットワークを活用できることから、低コストで新しい事業を始めることが可能です。

　ただし、既存顧客に新商品を販売するためには、顧客の調達活動をより深く理解する必要があります。例えば、顧客が自社以外の仕入先からどのような商品を仕入れているのか、自社や自社以外から仕入れた商品は、その後、どのように使われているのか、どのような業務フローになっているのかを把握し、顧客の一連の業務における"困りごと"を把握します。これにより、"発注先の企業数が多く、業務が煩雑"という困りごとがわかれば、自社の商品ラインアップを拡充することで事業拡大のチャンスがあるかもしれません。ほかにも、"各社から仕入れた商品（部品）を組み立てて最終製品に仕上げるが、組立作業に手間がかかる"という困りごとがあれば、商品を卸すだけでなく、組立作業まで事業領域を拡大できるかもしれません。

　このように、販売シナジーを検討する際は、自社起点のプロダクト・アウト的発想ではなく、マーケット・イン（顧客起点）の発想で考えることで、新たな事業機会創出のヒントが見つかります。長い期間同じ商品だけを販売しているような中小企業等では、どうしてもプロダクト・アウト的な発想になってしまいがちなので、そのような場合には、視点を変えて、販売シナジーによる事業機会がないかアドバイスしてみてください。

(ｳ)　投資シナジー

　投資シナジーとは、これまで蓄積してきた技術やノウハウ・ブランドなどを、他の事業に横展開することをいいます。富士フイルムが投資シナジーを考えるよい例になります。富士フイルムはフィルムの技術を磨くために、主成分であるコラーゲンの研究を続けてきました。このコラーゲンの研究で得た技術・ノウハウをもとにして、化粧品の分野にも進出しています。生産シナジーや販売シナジーと違い、一見シナジーがなさそうな事業でも、技術と

いう根っこでつながっていれば、低いコスト・低いリスクで新事業を展開することが可能です。

(エ)　経営シナジー

経営シナジーとは、人材や管理手法、経営手法を横展開することをいいます。例えば、幼児向けの出版教育事業を行っている企業が、小中学生向けの教材事業に進出することなどが考えられます。

以上、4つのシナジーを紹介しましたが、いずれも新規事業を検討する際に必要な着眼点になります。中小企業等では、既存事業が頭打ちとなり今後どのような事業を展開していくかに頭を悩ませている経営者は多いと思われますが、このような企業の事業性を評価する際に、範囲の経済性・4つのシナジーを頭に入れておくことで、有意義なディスカッションが可能になります。

(3)　経験効果

3つ目は経験効果です。経験効果とは、製品の累積生産量が増加するに従って、単位当りのコストが下がることをいいます。習熟による作業効率の改善、材料や生産方法の改善、標準化による低コスト化などが背景にあります。

経験効果は労働者の経験値の影響が大きいと考えられるため、労働集約的な事業、例えば縫製業務や先にあげた食肉加工業務等で効果がより強く表れます。逆にいえば、このような事業で従業員の定着率が悪かったり、平均勤続年数が低かったりすると、競合に比して高コスト体質に陥ってしまいますので、労働集約的な企業の事業性を評価する場合には、定着率や勤続年数、労働者の年齢なども留意する必要があります。

(4)　密度の経済性

密度の経済性は、ドミナント戦略とも呼ばれています。ドミナント戦略とは、ある限られたエリアに店舗等を集中的に配置することで、認知度を向上し、物流コストや広告宣伝コストを削減する効果をいいます。ドミナント展開していると、広いエリアに店舗が点在している場合に比べ、店舗間の物流

コスト・物流効率は改善します。また、認知度を高めるための広告宣伝を店舗ごとに実施する必要がなくなりますし、店舗が隣在していれば、管理・指導のためのエリアマネージャーの活動効率も高まります。

　複数店舗を運営する小売店やサービス業の場合には、現状の拠点が広がりすぎていないか、今後どのように店舗展開を図っていくのかを考える際に、ドミナント戦略に照らして妥当かどうかを確認する必要があります。

(5)　ネットワーク外部性

　ネットワーク外部性とは、同じサービスを利用する人が増えれば増えるほど、サービス利用者の利便性が高まる効果をいいます。ネット通販大手企業をイメージしていただくとわかりやすいと思います。利用者が増えるほど出品者も集まりやすくなり、品揃えが豊富になり、サイトの魅力が増します。また、顧客の購買データや閲覧データを蓄積し、レコメンド機能や利用者による口コミ機能を付加することで、サイトの魅力度が増し、新たな顧客・出品者を引き寄せることにつながります。

　ネットワーク外部性は、電話・インターネット・SNSなどの情報技術分野で発生しやすい効果になります。

▌第4項　収益性を分析する

　第1項から第3項までは企業のコストに着目した分析手法を紹介してきましたが、第4項では企業の収益性を分析する手法を紹介します。収益性を分析する際には、事業構造分析（第1章第2節）で紹介した「カットとメッシュ」、すなわち、どの切り口で切るか、どれくらいの粒度で分析するかの視点が重要になります。切り口と粒度の例として、図表1−10を再掲します。

　図表1−10にあげた切り口と粒度のうち、どの視点で分析できるかは、企業のデータのもち方によって変わってきますが、ここでは比較的多くの企業が保持していると思われる、①得意先別売上・利益データ、商品別売上・利益データ、②営業所別売上データの分析例を紹介します。

図表1−10　切り口と粒度の例（再掲）

【製品・サービス】の切り口と粒度	【顧客・市場】の切り口と粒度
事業別・部門別	得意先業界別＞得意先別
製造拠点別	得意先の規模別
製品群別＞製品別	エリア別＞営業拠点別＞営業チーム別＞営業担当者別
売り切り商売か継続課金商売か	チャネル別（直接販売・間接販売）
見込生産か受注生産か	
（受注生産の場合）設計は自社・顧客いずれが担っているか	

（注）　不等号（＞）は粒度の大＞小を示す。

　これらの分析例を紹介するにあたり、文章で長々と説明するよりはグラフや数値を用いて視覚的に分析するほうがわかりやすいため、分析結果を示したグラフ・数値を最初に紹介し、そのあとで分析結果を考察していきます。まずは、①得意先別売上・利益データの分析例として図表3−7をご覧ください。

　図表3−7は、横軸に売上高を、縦軸に粗利率をとって、各得意先の売上・粗利率をプロットした散布図グラフです。通常、取引量が多い顧客ほど販売単価が下がるため（ボリュームディスカウント）、近似曲線は右下がりになります。このグラフから、A社・E社向け販売については、売上は少ないが高い利益率を獲得できていること（あるいは、同水準の売上であるC社・D社向け販売の粗利率が低すぎるのかもしれない）、B社向け販売については、売上は少なく、利益率も低いこと、F社向け販売については、売上ボリュームはある程度あるが利益率が低いことが読み取れます。

　このことから、考えられる施策としては以下のようなものがあげられます。

・A社・E社向け販売をいまより増やすことができないか。

図表3－7　得意先別売上・粗利率

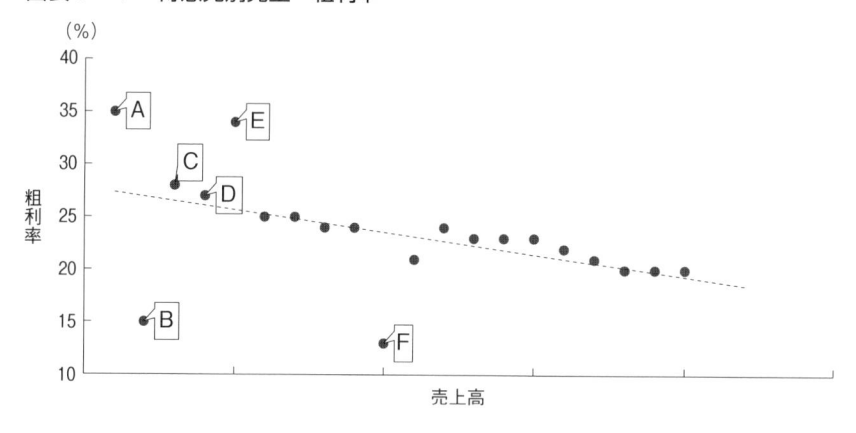

- ・A社・E社の仕入のうち自社の占める割合（顧客内シェア）を高めることはできないか。
- ・A社・E社の営業担当者に対して訪問頻度を増やすよう行動管理を強化することや、営業スキルを高めるような育成（プレゼン演習等）を図れないか。
- ・B社・F社（およびC社・D社）に対しては、値上げの交渉、または値上げ以外の交渉手段として、まとめ発注を依頼する（製造コストや運送コストの削減を図る）ことはできないか。
- ・B社との取引を解消して浮いた経営資源を新規顧客開拓に回せないか。

　得意先別売上データを降順で並べるだけでは事業性を考察することが困難ですが、図表3－7のように散布図を作成すると傾向や異常点を見つけやすくなります。散布図は、分析の初期段階で非常に役に立つ分析手法になりますので、売上・粗利率データを入手した際には使ってみてください。

　図表3－7は得意先別売上と粗利率をそれぞれ横軸と縦軸にとりましたが、商品別売上と粗利率をそれぞれ横軸と縦軸にとって分析することも同様に可能です。また、売上と粗利率を比較するだけでなく、他のコスト要素と利益を比較することも可能です。図表3－8をご覧ください。

図表 3 − 8　外注費率と粗利率の相関関係図

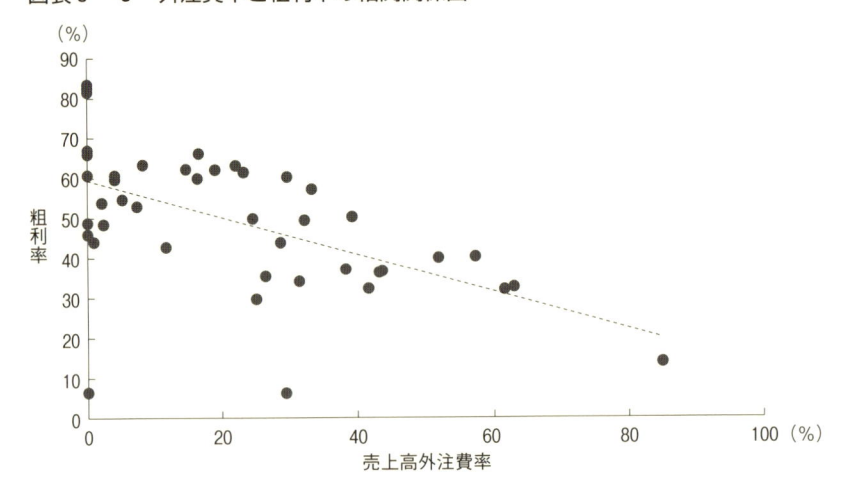

　図表 3 − 8 は、設計工事業（H 社）の工事案件を分析したグラフで、横軸に売上高外注費率をとり、縦軸に粗利率をとって散布図に表したものです。点 1 つ 1 つが工事案件になります。このグラフをみていただくと、外注依存度が高いほど（右に行けば行くほど）、粗利率が著しく低くなる傾向があります。通常、自社で100％内製化する場合に比べて、外注依存が高まるほど粗利率は低くなる（自社と外注先それぞれで利益を分け合う）と考えられるため、近似曲線が右肩下がりになるのは想定内ですが、H 社の場合は近似曲線の傾きが急すぎると思われます。

　このグラフから、①外注に依存している理由は何か、②どの工事種類・どの工程を外注しているか、③外注依存の時期に偏りはあるか、④エリアに偏りはあるか、等を商流図や月次推移と絡めて確認する必要がありそうです。また、⑤外注コストの管理体制が甘いのではないかという仮説を立て、内部環境分析（定性分析）で、管理体制や業務フローを確認し、仮説を検証する必要もありそうです。さらに、商流図で把握した情報と合わせて、⑥外注に委託している業務自体が、インダストリーバリューチェーンのなかで利益率の高い事業領域なのではないかという仮説を立て、内製化やM&Aの余地が

図表3-9　営業所別売上分析

（金額単位：千円）

	顧客数	売上高	営業人員数	平均担当先数／人	平均売上高／人
A営業所	125	150,000	5	25	30,000
B営業所	186	172,800	6	31	28,800
C営業所	90	102,000	6	15	17,000
D営業所	270	280,000	10	27	28,000
E営業所	108	148,500	9	12	16,500
F営業所	96	128,000	4	24	32,000

ないかを経営者と議論することもできるかもしれません。

　このように、散布図は縦軸と横軸に何を置くか・どの視点で切るかによって、それまでみえなかった課題仮説を見出すヒントになりますので、軸を色々と置き換えて分析してみることをお勧めします。

　収益性の分析手法としてもう1つ、営業所別売上データの分析例（図表3-9）を紹介します。

　図表3-9は、AからFまでの6営業所の顧客数、売上高、営業人員数を表にし、ここから、営業担当者1人当りの担当先数と売上高を分析したものです。営業所ごとの売上高や得意先数は容易に入手可能な情報なので、データ蓄積が乏しい会社でもこの分析は可能です。

　図表3-9から、C・E営業所は1人当りの担当先数、売上高ともに他の営業所よりも少ないことがわかります。少ない原因については、定性分析やヒアリング等で別途確認が必要ですが、仮に原因が両営業所の過剰人員にあることが判明したら、例えば、「平均担当先数／人」の多いB営業所に配置転換することでB営業所担当者の業務負荷を減らす、「平均売上高／人」が高く人数も少ないF営業所に配置転換することで、F営業所の売上拡大を図るといった施策が考えられます。

第 4 章

初期仮説を立てる

図表4－1　初期仮説を立てる

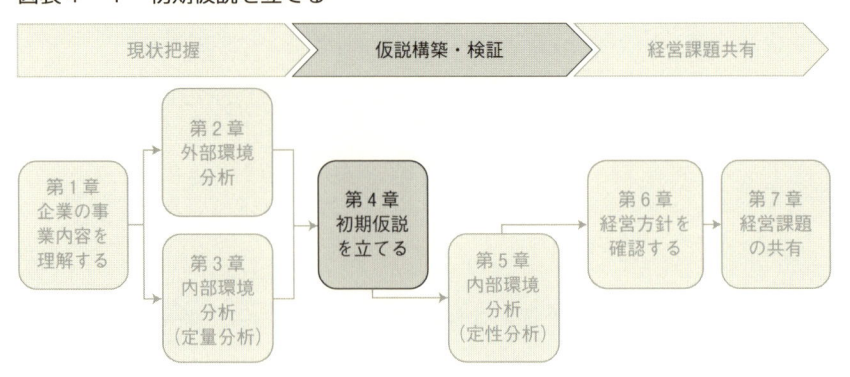

　本章では、これまで分析・整理してきた情報から経営課題に関する初期仮説を構築する流れを紹介しますが（図表4－1）、具体的な分析に入る前に、序章で紹介した分析手法の分類図（図表0－3）を再掲し、これまでの分析の位置づけを確認したいと思います。

　まず、第1章ではマトリックスの右下の象限（内部環境分析×定性分析）のうち、組織図の把握、事業構造分析、商流図の把握を扱いました。続く第2章では、マトリックスの右上の象限（外部環境分析×定性分析）を第2節で、左上の象限（外部環境分析×定量分析）を第3節で紹介しました。そして、第3章で左下の象限（内部環境分析×定量分析）を紹介しました。

　第1章から第3章までの分析は、基本的には、これまでに入手している情報（組織図、商流図、過年度決算書等）や、外部から入手可能な情報（業種別審査事典、統計年鑑等）をもとにして実施できます。これらの情報を総動員して初期仮説を構築するのが本章のステップになりますが、初期仮説構築においては特に定量分析（内部・外部）を中心にして分析を実施します。具体的には、第1節で対象企業の売上・利益の推移を把握し、どのような沿革を経て現在に至るのかを押さえるとともに、対象企業の売上・利益の推移を市場規模の推移と比較し、市場において勝っているのか・負けているのかを把握します。第2節では、自社の業績指標と業界平均指標を比較し、数値面か

図表 0 − 3　分析手法の分類（再掲）

	定量分析	定性分析
外部環境分析	・市場規模推移　第2章第3節 ・業界平均指標	・PEST分析　第2章第2節 ・5 Forces分析 ・アドバンテージマトリックス
内部環境分析	・財務指標分析 ・コスト構造分析 ・費目別分析　第3章 ・事業の経済性	・組織図の把握 ・事業構造分析　第1章 ・商流図の把握 ・バリューチェーン分析　第5章

ら強み・問題点についての仮説立てを行います。

　多くの金融機関では、"バリューチェーン分析（第5章で紹介）こそが事業性評価"と捉えられている印象があります。本章のステップを踏んで仮説を構築することで、より密度の濃いバリューチェーン分析が可能になりますので、是非実践してください。

　事業性を評価する（≒将来のP/Lをみる）ためには、まず過去～現在のP/Lがどのように推移してきたのかを把握する必要があります。参考として図表4－2をご覧ください。

　図表4－2は鉄骨工事業Ⅰ社の過去20年間の売上・粗利率・営業利益率の推移をグラフ化したものです。過去からの推移を把握する場合は、最低でも10年の期間をとる必要がありますが、10年前はリーマンショックの後だったため、もう少し遡って推移を把握するために、20年前からの推移をとりました。では、20年間のⅠ社の売上・利益の推移について、まずは売上の推移からみてみましょう。

　20年という長期推移をみると、3億円程度だった売上がコロナ禍直前の2019年度には約15億円と、4～5倍近く成長していることがわかります。FY2008以降と、FY2019以降の売上減少はそれぞれリーマンショックとコロ

図表4－2　鉄骨工事業Ⅰ社の過去20年間の売上・利益推移

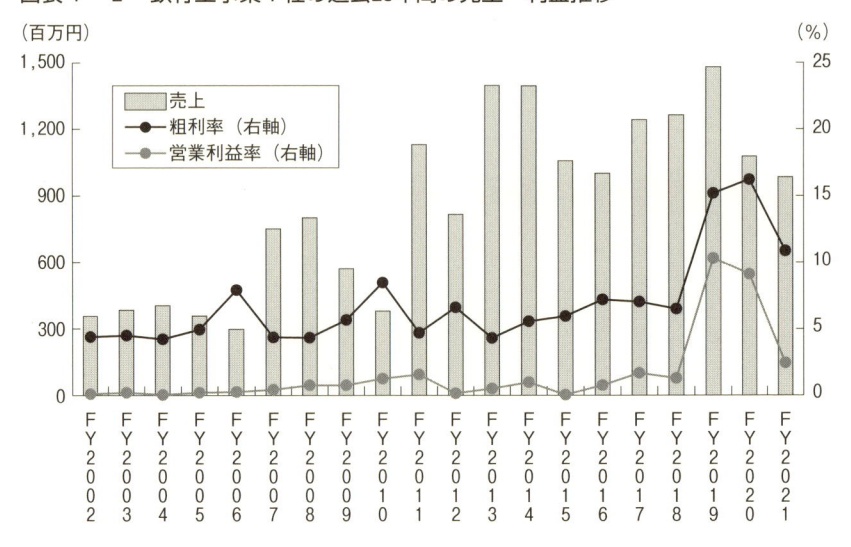

ナ禍の影響と考えられますが、それ以外の期間では凸凹あるものの、FY2007から右肩上がりに増収しています。長期時系列で売上を把握することで、変化点でどのようなイベントがあったかを把握することが可能です。

　I社の場合は、

・工場増設（FY2006）や許認可取得（FY2012）により、その後の生産力・販売力が増加

・主要顧客との取引解消・公共工事減（FY2015頃）により、一時的に売上が減少

・民需工事の新たな販路開拓（FY2017）により再び売上は増加

という変遷をたどっています。この変遷を把握するだけでも「I社は拡大志向の強い会社であり、外部環境の変化に柔軟に対応する適応力がありそうだ」という、"企業のDNA"についての仮説を立てることができます。

　売上推移の変化点では必ず何らかの"イベント"が発生しており、例えば経営者の交代や拠点の新設・統廃合、新事業への進出、重要な設備投資などがあります。これらのイベントは対象企業のホームページに記載されている「沿革」で捕捉することができます。また、社内イベントだけでなく社外のイベント、例えば税制改正・規制緩和なども変化点になりえますが、社外イベントについてはPEST分析（第2章第2節）の観点で考えることができます。

　次に、I社の20年間の利益の推移について考えてみましょう。

　売上高は20年間で4〜5倍に増加しているのに、粗利率が5〜10%のままで推移しているのはかなり低い水準と考えられます（業界平均：20%前後）。ここから、「売上拡大が重視される一方で、採算管理体制は弱いのではないか」という"企業のDNA・クセ"についての仮説を立てることができます。また、FY2019以降は粗利率・営業利益率ともに大きく改善しているため、FY2019にどんなイベントがあったかを把握する必要があります。例えば、採算管理の仕組みを構築した、不採算企業との取引を解消した、材料相場が好転した等の要因が考えられますので、グラフを開示しながら経営者に質問

してみましょう。

　ここまでⅠ社の売上・利益率の推移を事例として紹介してきましたが、このように長期のグラフにするだけで、企業のDNAやクセを把握し、そこから課題仮説を立てることが可能です。また、経営者自身も、過去10〜20年の自社の推移を一覧化してみる機会はあまりありません。グラフをみせるだけで喜んでもらえることも多いので、リレーション構築のツールとしても活用してください。

　さて、ここまでは、対象企業のDNAやクセを把握するために対象企業の売上・利益率推移を社内外のイベントに照らしてみてきましたが、売上推移を把握するもう１つの目的は、市場規模の推移と比較することにあります。対象企業の売上が年々増加していても、市場規模がそれ以上のスピードで拡大している場合には、市場で負けていることになります。市場で負けているのであれば、どこかに改善すべき点があるはずで、それが事業性評価の主要な検討課題になると考えられます。逆に、市場が徐々に縮小しているなかで対象企業の売上が増加ないし横ばい傾向にある場合には、市場で勝っている・善戦しているといえますが、そもそもいまの市場で戦い続けてよいのかという点が検討課題になります。売上・利益の推移を把握する際は、対象企業の経年推移を比較するだけでなく、市場・同業他社の推移と比較することで、経営の巧拙がよりクリアになります。

　先ほどのⅠ社の売上を市場と比較したものが図表４−３のグラフになります。

　Ⅰ社売上、市場規模ともに、2002年度を100とした場合の推移になります。市場規模の数値は鋼構造物工事業の１社当りの平均完成工事高（国土交通省「建設業構造実態調査」）を採用しています。「建設業構造実態調査」は３〜５年の間隔で公表されているため、折れ線ではなく点で表示しています。厳密には、１社当りの平均完成工事高に社数を乗じたものが市場規模になりますが、社数の大きな増減はないとの前提を置いてグラフをみてください。

図表4－3　市場規模とＩ社売上の推移

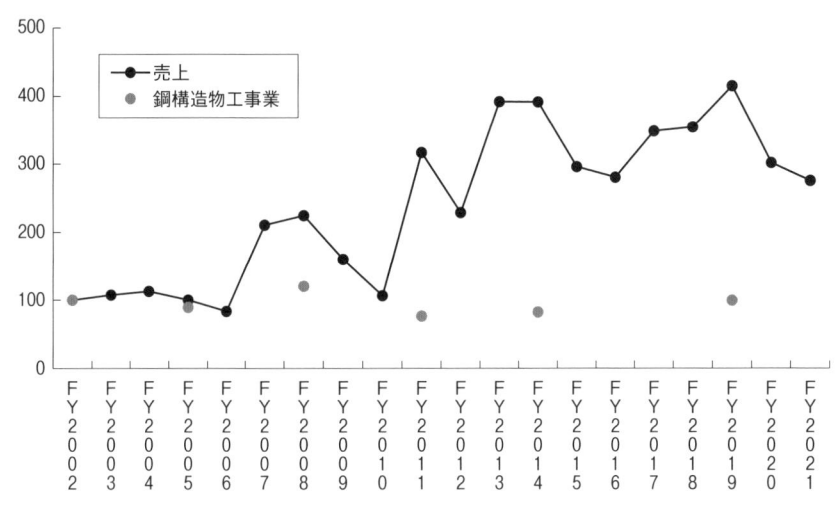

　市場規模はFY2002からデータが存在するFY2019まで、途中リーマンショックによる減退があったものの、ほとんど横ばいで推移しています。一方、Ｉ社売上は図表4－2でみたように、FY2019には4倍強に増加しているため、Ｉ社の増収は市場に引っ張られたものではなく、自社の積極的な経営努力によって獲得できたものと考えられます。

　以下に市場規模の推移と比較する際の留意点をいくつかあげておきます。

・対象企業が下請企業等で、市場規模の把握が難しく、特定の顧客企業に対する売上比率が高い場合は、対象企業の売上と顧客企業の売上を比較しましょう。"自社にとっての市場＝特定の顧客企業"となるため、両者を比較することで市場シェア＝顧客内シェアの変化を予測できます。

・グラフ化する際は、図表4－3のように、比較開始時点を100として、指数で比較するとわかりやすくなります。

・業界の売上高が不明な場合は、数量（戸数、トン数等）や、顧客サイドの支払額（例：家計消費支出）などを代替指標として設定することで、市場規模を推測することが可能です。

		自社売上の成長率 – 市場の成長率	
		プラス	マイナス
市場の成長率	プラス	市場は成長しており、自社の売上は市場と同等かそれ以上に成長している。	市場は成長しているが、自社の売上は市場以下にとどまる。
	マイナス	市場は縮小しているが、自社は善戦している。	市場の縮小スピード以上に自社の売上が縮小している。

　ここまで市場の成長率と自社の成長率を比較してきましたが、両者の関係は図表 4 - 4 のようなマトリックスで表すことができます。

　図表 4 - 4 は縦軸に市場の成長率をとり、横軸に自社売上の成長率から市場の成長率を控除した値（以下、「相対成長率」）をとって、プラス・マイナスに区分しています。対象企業がどの象限に位置するかで経営課題が異なるため、順にみていきましょう。

(1)　**市場成長率がプラス・相対成長率もプラス（左上の象限）**

　左上の象限では、広義と狭義の参入障壁を重点的に確認する必要があります。広義の参入障壁とは、5 Forces分析で学んだ"新規参入の脅威"を指し、狭義の参入障壁とは自社の顧客にとっての"スイッチングコストの高さ"を指します。市場が成長しているため、新規参入業者にとっては魅力的な市場に映ります。このとき、業界自体の参入障壁が高ければいまの経営環境を維持しやすくなりますし、業界自体の参入障壁が低くても、顧客のスイッチングコストが高ければ、業界は荒らされても自社の顧客だけは維持されることが期待できます。スイッチングコストの高さは、裏を返せば自社の強みになりますので、強みを維持できている要因は何なのかを後続のステップで重点確認する必要があります。

(2)　**市場成長率がプラス・相対成長率はマイナス（右上の象限）**

　右上の象限は市場で負けていることを意味します。市場で負けている要因

は、①自社の顧客が負けているため、それに引きずられて自社も負けている
か、②自社の顧客は勝っているが、自社だけが負けている（顧客内シェアが
落ちている）かの2つに大別されます。自社の顧客が負けている場合は、
ターゲット顧客がいまのままでよいのかが問題になりますので、既存事業で
新規顧客を開拓する等が経営課題になりそうです。また、自社だけが負けて
いる場合には、問題は社内にあるといえるので、自社の商品・サービス・技
術力等の経営資源が陳腐化している、オペレーションが非効率になっている
等、社内のどこに問題があるかを後続のステップで確認する必要がありま
す。

⑶ **市場成長率がマイナス・相対成長率はプラス（左下の象限）**

　左下の象限では、市場の魅力度は低いため、広義の参入障壁を確認する必
要性は乏しいといえます。自社は善戦しているため、ここでもやはり狭義の
スイッチングコストを重点確認するとともに、今後もこの業界に居続けてよ
いのかを検討する必要があります。市場が完全になくなる場合を除けば、い
まの業界に居続けて残存者利益を獲得する、そのために弱った同業他社を買
収する等も有力な選択肢となりますし、体力が十分にあるタイミングで市場
から撤退し、新たな市場に参入することも考えられます。

⑷ **市場成長率がマイナス・相対成長率もマイナス（右下の象限）**

　右下の象限では、既存の業界のなかで好調な顧客を探す（右下の象限から
左下の象限へシフトする）ことを狙うか、もしくは、いまの事業ドメインか
ら直ちに脱却し、新事業を起こす必要があります。

第 2 節　業界平均指標と比較する

　第2節では、財務数値を業界平均指標と比較し、収益性に係る課題仮説を立てる手法を紹介します。

　「業界平均指標と比較する」と聞いて、皆さんが真っ先に思い浮かべるのは図表4－5のような報告フォーマットではないでしょうか。

　筆者がこれまで事業性評価の支援に携わってきたほぼすべての地域金融機関で、類似の資料が使われています。さまざまな財務指標項目が縦に並び、そこに対象企業の1期～3期程度の財務指標数値が記載され、業界平均指標と比較して○△×といった評価と、最後に軽くコメントが付されているフォーマットです。

　あたかも財務指標が定量分析の"結果（ゴール）"であるかのように使われており、○△×が通知表のようにそのまま対象企業に提示されていますが、財務指標は定量分析のゴールではなくスタートにすぎません。指標の推

図表4－5　財務指標分析フォーマット

		n－2期	n－1期	n期	業界平均	判定	貴社課題
収益性	粗利率　　　（％）	20.0	19.5	21.0	30.0	×	粗利率が業界平均より低いため改善の余地があります。
	営業利益率　（％）	8.2	7.9	8.1	8.0	―	
	ROA　　　　（％）	7.0	6.8	7.1	5.5	○	資産を有効に活用できています。
効率性	売上債権回転期間					×	
	棚卸資産回転期間	2.1	2.4	2.6	3.3	○	在庫を少なく抑えられています。
	……					○	
安全性	流動比率					○	
	自己資本比率					×	
	……					―	
生産性	1人当り売上高					×	
	……					○	

移を読み、業界平均と比較することが分析のスタートになり、ここから、「なぜこんな数値になっているのか」「ビジネスモデルの違いからくる差異なのか、経営活動の巧拙からくる差異なのか」「経営活動の巧拙からくる差異であれば、具体的にどの活動（＝どの勘定科目）でその差が発生しているのか」まで踏み込んで分析しなければ、ただ数字の表面をさらっとなでるだけで終わってしまいます。

　図表4－5のような財務指標分析フォーマットが、経営者とのディスカッションの場において実際にどのように使われているかを確認してみると、「当該資料のページは開示するだけで、特に議論はせずに次のページに移る」という方が多いようです。踏み込んだ議論をしない理由として考えられるのは、「○×をつけているため、"上から目線"と思われるのを懸念している」「経営者から業界平均と当社では規模やビジネスモデルが違うから単純比較できないといわれたときに、そこから議論を発展させる材料がない」といったところではないでしょうか。

　ビジネスモデルが違っても"労働生産性"や"1人当り人件費"などは比較可能ですし、中小企業で規模の経済が効く業種はあまりない（第3章第2節第3項）ので、規模の違いが経営指標の差として表れるかどうかは立ち止まって考える必要があります。また、ビジネスモデルが違うのであれば、どこがどう違うのかを教えてもらうことが事業への理解を深めることに役立ちますし、踏み込んで質問することで「御社の事業を理解したい」という気持ちが経営者に伝わります。腰の引けた態度で接していては、いつまで経っても経営者の信頼は得られませんので、一歩踏み込んで経営者と議論してみましょう。

　少し話は逸れましたが、財務指標分析フォーマットが分析のゴールではなくスタートであるという点について、ケーススタディを通じて具体的に紹介したいと思います。

　商業印刷J社の財務指標分析

　大阪府で印刷業（商業印刷）を営むJ社の財務指標と業界平均値は図表4-6のとおりです。この情報から、J社のビジネスの特徴やJ社が抱える課題について仮説を立ててみましょう。

図表4-6　J社（商業印刷）と業界平均の財務指標

		J社実績			中小企業実態基本調査	TKC経営指標（一部加工）
		n-2期	n-1期	n期	n期	n-3期
売上高　　（千円）		547,000	492,000	468,000	304,382	366,364
粗利率　　　　（％）		13.6	14.8	15.3	22.3	25.3
	材料費率	15.4	13.2	13.0	25.2	24.5
	労務費率	21.1	21.7	23.2	15.6	17.8
	外注費率	35.5	36.1	33.4	22.3	21.1
	経費率	14.3	13.7	14.6	14.6	11.3
販管費率　　　（％）		18.1	17.4	17.3	20.6	21.8
	販売費率	不明	不明	不明	不明	5.1
	一般管理費率	不明	不明	不明	不明	16.7
	（役員報酬）	2.9	2.6	2.7	10.9	4.1
	（役員外人件費）	10.1	10.1	9.5		8.6
	（減価償却費）	0.1	0.1	0.2	0.9	0.7
営業利益率　　（％）		-4.5	-2.6	-2.0	1.7	3.5

　以下で仮説の例を記載しますが、まずは自身で考えてみましょう。

【仮説例】

1．売上高が前々期比で90→85％と減少しています。市場推移の情報はありませんが、おそらく市場の減少よりも急ピッチで売上を落としています。後続のステップで事業構造分析（第1章第2節）を行い、製品群・顧客群の両面から、どこで売上を落としているのかを把握する必要があります。

2．材料費率が業界平均よりも著しく低いのですが、これだけでは「材料費

率が低いためよい」とはいえません。むしろ材料費率が低すぎることから、顧客から材料（用紙）を無償で支給されているために材料費の負担が低いだけ（仮説A）かもしれませんし、内製せずに外注に印刷工程を委託している（仮説B）からかもしれません（外注先で用紙を手配しているため、J社に用紙代は発生しない）。

ただし、仮説Bについては注意が必要です。印刷業の製造工程を大きく分けると、制作（デザイン）→印刷→加工（製本や穴あけ等）となります。制作や加工を外注業者に委託することはありますが、本業の核である印刷工程は社内で対応し、繁忙期や自社の設備で対応できない案件の受注があった場合にのみ外部に委託するのが通常です。そうすると仮説Aが有力ですが、商流図を作成する際に経営者に確認して仮説を検証する必要があります。

3. 労務費率・外注費率ともに業界平均を上回っています。外注費率の高さは前述の仮説Bが理由かもしれません。しかし、外部に委託する割合が高いほど社内の人員は少なくてすむはずですが、J社の労務費率は業界平均を5〜7ポイント以上も上回っています。規模の小さな企業であれば、保有設備に限りがあるため外注依存度が相対的に高くなる可能性はありますが、J社は業界平均以上の規模があるため、やはり外注費率の高さには課題がありそうです。

また、通常、J社のように売上が急減している状況では工場稼働率が下がるため、内製で対応できる余地が高まります。この場合、外注費は金額でも売上比率でも減ると想定されますが、J社の外注費率はほぼ横ばいになっています。

これらのことから、製造工程に人員が過剰にいるのではないか、過剰人員なのに、内製化せずに従来どおり外注を利用しているのではないか、という仮説が立てられそうです。

組織図で部門別人数を確認するとともに、内外製の振り分けは誰が何を根拠に判断しているのか、外注コストはどのように管理しているのか等を

内部環境分析（定性分析）で確認する必要がありそうです。

4．その他経費率や販管費率については特段の問題はないようにみえます。

以上、財務指標から J 社の仮説例を紹介しました。財務指標分析では、「○○率が高いからよい・低いから悪い」とすぐに結論に飛びつくのではなく、数値の裏で、企業がどのような事業を行っているのか、そこで働く従業員は日々どのように活動しているのかをリアルに想像して考察する必要があります。もう１例ケーススタディで考えてみましょう。

ケーススタディ 4 - ② **配管資材卸売業 K 社の財務指標分析**

静岡県で配管資材卸売業を営む K 社の財務数値からビジネスモデルの特徴や経営課題について仮説を立ててみましょう。図表４－７が K 社と業界平均（第15次業種別審査事典・TKC経営指標）の財務指標になります。

図表４－７　K 社（配管資材卸売業）と業界平均の財務指標　（金額単位：千円）

P/L	K社			その他の建築材料卸売業		
	FY2020	FY2021	FY2022	FY2020	FY2021	FY2022
売上高	2,548,013	2,617,998	2,576,405	653,526	632,733	654,872
売上原価	1,969,614	2,034,184	1,981,255	530,718	513,085	531,047
粗利	578,399	583,814	595,150	122,808	119,647	123,825
販管費	491,767	489,566	504,975	105,589	104,226	106,526
販売費	97,026	93,567	109,814	30,550	30,797	30,487
一般管理費	394,741	395,998	395,161	75,038	73,428	76,038
（役員報酬）	36,000	36,000	36,000	15,865	16,034	16,437
（役員外販管人件費）	298,595	299,805	300,740	46,784	46,580	47,486
（減価償却費）	33,124	32,429	31,098	5,187	5,394	5,170
営業利益	86,632	94,248	90,174	17,218	15,421	17,298
財務指標						
粗利率	22.7%	22.3%	23.1%	18.8%	18.9%	18.9%
販管費率	19.3%	18.7%	19.6%	16.2%	16.5%	16.3%
役員外販管人件費率	11.7%	11.5%	11.7%	7.2%	7.4%	7.3%
減価償却費率	1.3%	1.2%	1.2%	0.8%	0.9%	0.8%

営業利益率	3.4%	3.6%	3.5%	2.6%	2.4%	2.6%
従業員数（人）	57	57	57	12.7	12.8	12.9
1人当り売上高	44,702	45,930	45,200	51,278	49,623	50,690
1人当り粗利	10,147	10,242	10,441	10,638	10,283	10,704
1人当り人件費	5,429	5,451	5,468	5,317	5,266	5,342
在庫回転期間（月）	1.9	1.8	1.8	0.8	0.8	0.8
有形固定資産回転期間（月）	3.0	2.9	2.8	2.0	2.0	1.9

　分析に移る前に、配管資材卸売業の事業概要について少し紹介します。

　主な商材は、上下水道の鋼管やバルブ、ポンプ等になります。商流として
は、メーカー→一次卸→（二次卸）→最終需要者（主に建築業者や土木工事業
者）になります。規模の経済は効きにくく各地域に中小企業が多く点在して
おり、県内～近隣県と比較的限られた商圏で活動しています。図表4－7が
K社と業界平均の財務指標になります。

　以下で財務指標の特徴を把握した後に仮説の例を記載しますが、ここで
も、まずは自身で考えてみましょう。

【財務指標の特徴】

1．K社の財務指標でまず目立つのは、粗利率の高さです。利幅の薄い卸売
　　業界で、業界平均を4～5ポイントも上回っているのはかなり高いといえ
　　るでしょう。

2．次に、粗利率は高いのですが、販管費率も高くなっているため、営業利
　　益率は業界平均を1ポイント上回る程度で落ち着いています。販管費率の
　　内訳をみると、役員外販管人件費率が業界平均を4ポイント以上上回って
　　います。1人当り人件費は業界平均とほぼ変わらないため、人数の多さが
　　役員外販管人件費率の高さの要因になっています。

3．減価償却費率は1ポイント程度しか上回っていませんが、金額でみると
　　3,200万円前後と、業界平均の6倍程度になっています。売上高は業界平
　　均の4倍程度のため、有形固定資産回転期間（月）は業界平均の1.5倍と
　　高くなっています。

4．在庫回転期間（月）も、同業平均を1ポイント上回っており、多くの在庫を抱えている状態です。

　ではこれらの情報をもとに、K社のビジネスモデルの特徴と経営課題についての仮説を立ててみましょう。財務指標は財務分析のゴールではなくスタートなので、指標だけをみて「粗利率が高いからよい」「販管費率が高いから悪い」「在庫回転期間・有形固定資産回転期間が高いから悪い」と結論に飛びつかないようにしましょう。

【仮 説 例】

　K社の粗利率が高い理由は、多くの営業人員と豊富な在庫を抱えて、顧客からの要望に丁寧に、かつ効率的に対応できているからかもしれません。豊富な在庫をストックしておくための倉庫や、営業人員の多さに見合った数の営業車両を保有しているために有形固定資産が多額になっていることが考えられます。

　営業人員や営業拠点を自社で保有して最終需要者に直接販売するビジネスモデルは、これらの経営資源を保有せずに二次卸経由で間接販売するビジネスモデルと比較すると、粗利率は高くなりますが販管費率も高くなります（最終需要者に直接販売することで粗利率は高くなるが、営業人員や営業拠点にかかる費用を自社で負担することになるため販管費率も高くなります）。そうであれば、K社の粗利率・販管費率の高さは「よい・悪い」という経営活動の巧拙ではなく、単にビジネスモデルが違うだけということになります。1人当り売上高が業界平均より低いのもそのせいかもしれません。直接販売であれば、自社の営業活動からしか売上は獲得できませんが、間接販売であれば、極端な話、営業人員がいなくても二次卸の販売力によって大きな売上を獲得できます。

　以上がK社の財務指標を"好意的にみた場合"の仮説になります。では、別の見方で仮説を立てるとどうでしょうか。いくつか仮説を列挙してみます。

1．粗利率が高い理由は、仕入先を多く抱えており、仕入の都度、相見積も

りをとるなど仕入単価を抑制する活動が機能しているからかもしれません。

2．仕入単価を抑制するために大ロットで商品を仕入れており、在庫が過剰気味になっているかもしれません。

3．役員外販管人件費率が高く、1人当り売上高が低いのは、間接部門や営業部門に過剰な人員を要しており社内の間接業務や営業業務が非効率になっているためかもしれません。

4．事業規模よりも過大な投資（倉庫等）を行ったために有形固定資産の回転期間が悪化しているのかもしれません。

　このように、同じ財務指標でも見方を変えることでさまざまな仮説が構築できます。あらかじめ複数の仮説を立てておき、商流、組織図、事業構造分析や外部環境分析の結果と照らしながら仮説をふるいにかけ、最後に残った仮説を経営者に投げかけるというステップを踏むことが重要です。

　最後にもう1例ケーススタディで考えてみましょう。

ケーススタディ4−③

電子回路実装基板製造業L社の財務指標分析

　電子回路実装基板製造業L社の財務数値からビジネスモデルの特徴や経営課題について仮説を立ててみましょう。図表4−8がL社と業界平均（第15次業種別審査事典・TKC経営指標）の財務指標になります。

図表4−8　L社（電子回路実装基板製造業）と業界平均の財務指標

（金額単位：千円）

B/S		L社			電子回路実装基板製造業		
		FY2020	FY2021	FY2022	FY2020	FY2021	FY2022
	原材料	24,439	22,601	26,778			
	仕掛品	28,551	38,132	28,976			
	棚卸資産　合計	52,990	60,733	55,754	79,224	78,118	113,486
P/L							

売上高	525,614	540,997	547,094	1,066,844	891,177	868,462
売上原価	454,204	485,865	477,892	913,002	757,811	717,928
粗利	71,410	55,132	69,202	153,842	133,365	150,534
販管費	45,129	45,394	46,771	94,842	87,330	81,916
販売費	5,256	4,869	6,018	16,040	16,614	15,224
一般管理費	39,873	40,525	40,753	78,802	70,716	66,692
（役員報酬）	13,600	13,800	13,800	23,007	22,933	20,729
（役員外販管人件費）	15,761	15,905	16,011	28,407	26,156	23,640
営業利益	26,281	9,738	22,431	58,999	46,035	68,618
財務指標						
材料費率	38.0%	36.3%	34.1%	40.0%	36.2%	31.4%
労務費率	24.9%	29.0%	27.0%	23.4%	27.1%	25.5%
外注費率	14.4%	15.3%	17.4%	13.4%	13.8%	18.8%
経費率	9.1%	9.2%	8.9%	7.6%	8.4%	8.5%
粗利率	13.6%	10.2%	12.6%	14.4%	15.0%	17.3%
販管費率	8.6%	8.4%	8.5%	8.9%	9.8%	9.4%
営業利益率	5.0%	1.8%	4.1%	5.5%	5.2%	7.9%
従業員数（人）	39	40	40	70.0	68.4	61.2
1人当り売上高	13,477	13,525	13,677	15,236	13,029	14,191
1人当り人件費	3,891	3,902	3,920	4,114	4,000	4,042
在庫回転期間（月）	1.4	1.5	1.4	1.0	1.2	1.9

　電子回路実装基板とは、電子回路基板（皆さんがよく目にする緑色の基盤）の上に、コネクタやIC等の電子部品をはんだ付けして組み付けたもの（実装したもの）をいい、この組み付け作業を担う製造業を電子回路実装基板製造業といいます。大量生産が可能な"マウンター実装"から、多品種少量生産に適した"ポイント実装"、"手はんだ実装"など、製造方法は多岐にわたり、企業によって得意とする製造方法は異なります。以下に財務数値、財務指標の特徴と仮説例を記載します。

【財務数値、財務指標の特徴と仮説例】

1．棚卸資産の内訳をみると、原材料勘定と仕掛品勘定がありますが、製品勘定はありません。製品勘定がないということは、完成品はすべてすぐに販売される受注生産型の生産形態といえそうです。

2．役員外販管人件費は1,600万円前後で推移しており、1人当り人件費で除すと、販管部門の人員は4名程度ということになります。販管部門は大きく分けると営業部門と総務・経理等の管理部門に分かれますが、年商5億円規模の企業であれば、通常、管理部門にはだいたい4名程度の人員が配置されているため、L社には営業人員がほとんどいないと想定されます。営業人員がほとんどいないということは、経営者のみが営業活動を担っているか、もしくは特定顧客からの下請け受注が売上のほとんどを占めると想定されます。いずれにしても、事業承継のタイミングや、特定顧客の経営方針・経営環境が変更されるタイミングで経営基盤が大きく揺らぐことになるため、事業継続リスクが高いかもしれません。

3．販管部門の従業員が4名、役員が1名と想定されるため、残りの35名（＝40－4－1）は製造部門に配置されています。前述したように、電子回路実装基板製造業では製造方法が多岐にわたるため、どのような部門があり各部門に何人配置されているのかについては、組織図や工場見学をする際に確認する必要があります。

4．粗利率や営業利益率が毎期大きく変動しています。実務では10～20年の長期推移をチェックして確認する必要がありますが、粗利率や営業利益率が毎年大きく変動する企業は、採算管理の仕組みができていない、あるいは弱いケースが多い印象があります。特に製造業の場合、原価計算がしっかりできている企業は少なく（筆者の経験では、"ほぼない"といっても過言ではありません）、原価計算ができていないために製品別や顧客別の採算がわからないという問題を抱えています。L社もこのような問題を抱えている可能性が高いと思われますので、後続の内部環境分析（定性分析）で採算管理の仕組みがどのようになっているかをチェックする必要があります。

第3節　第4章のまとめ

　第1節では、売上・利益の推移から企業のDNAやクセを把握するとともに、市場成長率の推移と自社売上の推移を比較し、経営課題の押さえどころを確認してきました。また、第2節では、財務数値から対象企業の事業の特徴を推測し、業界平均値との比較から課題仮説を構築するケーススタディを実践してきました。

　第1節、第2節でみてきたように、財務数値からは多くの情報を拾うことが可能です。財務数値に接する機会が最も多い金融機関担当者であれば、これらの情報を使いこなして経営課題を浮き彫りにし、経営者と協議することも可能です。ただし、第1章からみてきたように、財務数値だけでは仮説の精度は低くなりますので、事業内容を理解し（第1章）、外部環境分析を行い（第2章）、定量的な内部環境分析（第3章）と絡めて財務指標を分析することを心がけてください。

　次の第5章では、内部環境分析（定性分析）を行います。内部環境分析（定性分析）は、事前に用意されたチェックリストに沿って質問を1つ1つ投げかけていくような“作業”ではなく、第4章までで立てた“仮説を検証する場”になります。

第 5 章

内部環境分析
（定性分析）

図表 5 - 1 内部環境分析（定性分析）

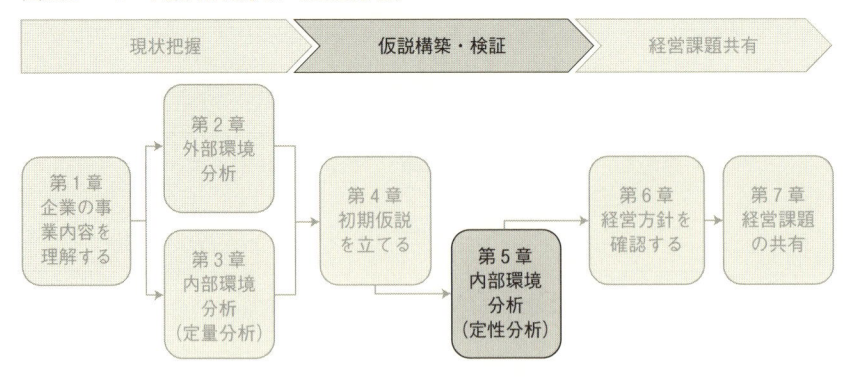

本章では、企業の内部環境のうち定性的な情報を分析します。

内部環境分析（定性分析）を実施することで、対象企業の内部でどのように業務が流れているかを理解し、第4章までに立てた仮説を検証します。これらの手続を経て、対象企業の強みと弱み（問題）を把握することが内部環境分析（定性分析）の目的になります。

対象企業の強みと弱みを把握し、今後の経営方針（第6章）も踏まえたうえで、経営課題を共有し、ソリューション提案（第7章）につなげるという流れになります。

さて、「対象企業の内部でどのように業務が流れているかを理解し、強み・弱みを把握する」際に、闇雲に「営業の業務内容は？　強み・弱みは？」「製造は？」と確認していっても確認すべき項目に抜け漏れが発生するおそれがあります。そこで、個別の論点に入る前に、確認すべき項目に抜け漏れがないようにするために、第1節では内部環境分析の枠組み・フレームワークを紹介します。そして、第2節でフレームワークを用いながら、個々の業務を理解し、強み・弱みを確認する際の視点・チェックポイントを紹介します。第3節はケーススタディです。

第 1 節　内部環境分析（定性分析）の手法

　事業性評価の手続において、企業の内部環境（定性情報）を分析する際に有効なフレームワークとして、「バリューチェーン」と「マッキンゼーの７Ｓ」があります。それぞれ順に紹介します。

■ 第１項　バリューチェーン

　バリューチェーンとは、５Forces分析（第２章）と同様にマイケル・ポーターが提唱した考え方で、企業が顧客に価値（製品・サービス）を提供するまでに、企業内部でどのように価値が付加されていくかを分析するためのフレームになります（図表５－２）。事業性評価においては、各業務がどのように流れており、どの業務に強み・弱みがあるかを分析する際に活用できます。

　バリューチェーンは主活動（以下、「ビジネスプロセス」）と支援活動（以

図表５－２　バリューチェーン

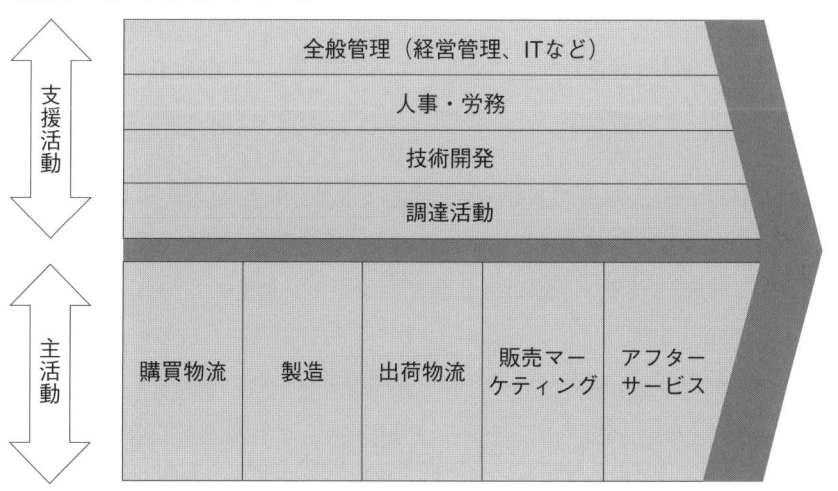

下、「ビジネスインフラ」）から構成されます。組織図と対応させると、購買、製造、営業等の直接部門がビジネスプロセスに相当し、経理・IT、人事、開発、総務等の間接部門がビジネスインフラに相当します。なお、図表5－2のうち、「購買物流」と「調達活動」を混同してしまいがちですが、以下のように読み替えてください。

・購買物流（主活動）：材料や商品等の購買（≒購買部の活動）
・調達活動（支援活動）：備品やインフラサービス等の調達（≒総務部の活動）

　また、企業によっては「技術開発」をビジネスインフラではなくビジネスプロセスに位置づけたほうが業務の流れを理解しやすい場合もあります。そのような場合には、テンプレートに固執せずにビジネスプロセスに位置づけたうえで対象企業の業務を理解するようにしましょう。

　バリューチェーンのうち、ビジネスインフラは業種・企業によってそれほど差はありませんが、ビジネスプロセスは業種によっても企業によっても大きく異なります。各企業のビジネスプロセスを正しく理解するためには、第1章で紹介した組織図、事業構造分析、商流図の3つをしっかりと理解することが前提になります。ただし、この3つの情報のみで、ビジネスプロセスを把握しようとしても抜け漏れのおそれがあるため、業種ごとの一般的なビジネスプロセスを「型」として頭の片隅に置いておくとよいでしょう。図表5－3は、いくつかの業種の一般的なビジネスプロセスを紹介したものになります。

　このように一般的なビジネスプロセスの型を紹介しましたが、前述したように業種・企業によってビジネスプロセスは異なります。例えば、「製造」をもっと細かく工程別に把握したほうが企業の特徴をつかみやすくなる場合もありますし、特定の活動は実施していないケースもあるでしょう。組織図、事業構造分析、商流図を確認しながら、対象企業の業務の流れを最も把握しやすい粒度で、ビジネスプロセスを理解することが重要です。

　以上、第1項では企業の「活動」に着目し、バリューチェーンの枠組みから企業の内部環境（定性情報）を分析する視点を紹介しました。第2項では

図表5－3　各業種の一般的なビジネスプロセス

建設業	営業 → 設計 → 見積・受注 → 購買 → 施工・引渡し → 保守
卸売業	商品企画 → 購買 → 出荷物流 → 販売 商品企画とは、商品の品揃え・価格・数量等を決定する活動であり、MD（マーチャンダイジング）とも呼ばれます。 出荷物流とは、入荷～在庫保管～出荷の一連の流れを指します。
小売業	商品企画 → 購買 → プロモーション → 店舗運営 → 販売 プロモーションとは、広告宣伝やチラシなどの販売促進・集客施策を指します。
飲食業	店舗企画 → 購買 → プロモーション → 製造 → 店舗運営 店舗企画とは、どのような業態の店舗作りをするかを決定する活動を指します。
運送業	車両調達 → 営業 → 集荷 → 輸送 → 配送 輸送は倉庫間物流を指し、配送は顧客への最終物流を指します。
製造業（受注生産）	営業 → 設計 → 調達 → 製造 → 保守
製造業（見込生産）	商品企画 → 調達 → 製造 → 出荷物流 → 販売 見込生産の場合は受注生産と異なり、作った製品を一定期間保管し、顧客の注文に応じて出荷するプロセスが発生します。そのため、製造と販売の間に出荷物流という活動が生じます。

バリューチェーンとは別の角度から企業の内部環境（定性情報）を分析する視点として、マッキンゼーの7Sを紹介します。

▌第2項　マッキンゼーの7S

　マッキンゼーの7Sとは、企業を構成する要素を7つに分類し、それらの

要素がどのように相互作用して企業全体のパフォーマンスに影響を与えるか
を理解するためのフレームです。

【マッキンゼーの７Ｓ】（カッコ内は筆者注釈）

1．Strategy（戦略）

2．Structure（組織構造）

3．Systems（仕組み・業務運営）

4．Shared Values（共通の価値観・経営理念）

5．Staff（人材）

6．Style（企業風土）

7．Skills（技術・ノウハウ）

　企業の内部環境（定性情報）を理解する際には、先に紹介したバリュー
チェーンのほうが具体的であり、業務の流れをイメージしやすいと思いま
す。一方、マッキンゼーの７Ｓは、バリューチェーンより少し抽象的な概念
にはなりますが、近視眼的に業務を分析することを防いでくれるという効用
があります。例えば、バリューチェーンで「営業」「製造」「開発」の各活動
を理解し、いずれの活動もしっかりとなされており、強みがあるように見受
けられるのに、業績が悪化しているようなケースがあるとします。このよう
な場合に、７Ｓの視点でチェックすると、部門間の連携がとれておらず、各
部門がタコ壺化・部分最適に陥っているといったStructureやSystemsの問
題がみえたり、保守的で指示待ちの企業風土といったStyleの問題がみえた
りします。

　バリューチェーンの考え方を基本に置きながら、７Ｓの観点でも企業をみ
るというように、２つの考え方を組み合わせることで、より深く事業性を理
解できるようになります。

　第2節では、バリューチェーンの各活動と７Ｓの要素を念頭に置きつつ、
定性分析を実施する際の視点・チェックポイントを紹介します。

第2節　定性分析のチェックポイント

　第2節では、ビジネスプロセスの主な項目や、ビジネスインフラおよび7Sの一部の項目のチェックポイントを紹介します。本章の冒頭で説明したように、定性分析の目的は、業務の流れを理解することと、第4章までに立てた仮説を検証することを通して、企業の強み・弱みを把握することにあります。そのため、単に質問して事業内容を理解するだけでなく、その事実は強みなのか、弱みなのかという意識をもって確認するようにしましょう。

　また、これまで地域金融機関担当者の作成した事業性評価報告書をみてきたなかで、特に強みの分析が弱い・浅いと感じています。強みとは "顧客にとって有意な"、"競合他社との差異" をいいます。そのため、ある事実を強みと解釈する場合は、なぜその事実が顧客にとって利点となるのか、なぜ自社はできて競合他社はできないのかを説明できなければなりません。

　例えば、製造業の事業性評価報告書をみていると、強みは「高品質な製品」とだけ書かれてあるケースが散見されます。この事実をより突っ込んで理解しようとすると、「高品質であれば粗利率は高くなるはずなのに、当社の粗利率はそれほど高くない。顧客にはそれほど品質を認められていない、あるいは、顧客はそこまでの品質を求めていないのではないか」といった見方や、「自社が高品質な製品を提供できるのに、他社ができない理由は何か。材料に違いがあるのか、設計ノウハウに違いがあるのか、生産技術に違いがあるのか。生産技術に違いがあるとすれば、その差異は設備によるものか、人材・スキルによるものか……」といった見方で深掘りしていく必要があります。この "顧客にとって有意な" というハードルと、"競合他社との差異" というハードルをクリアしたものだけが強みと解釈できるのです。

　前置きが長くなりましたが、以下でビジネスプロセス、ビジネスインフラ等のチェックポイントを紹介していきたいと思います。

■ 第1項　ビジネスプロセスのチェックポイント

　ビジネスプロセスのチェックポイントとして、購買、製造、出荷物流、販売の各活動について、強みと弱みを把握するための視点を紹介します。

【購　　買】

1. サプライヤー（仕入先や外注先など）の多さ（調達ネットワークの広さ）はどの程度か（その事実は強みまたは弱みになりうるかといった視点で確認する。以下同）。
2. サプライヤーへの依存度はどの程度か。
3. 購買対象品（材料など）のQCD（Quality、Cost、Deliveryの略。品質、費用、納期）はどうか。
4. QCD改善のために社内でどのような取組みをしているか。

   例①：主要材料については複数仕入先に対して相見積もりを実施し、最も価格の低い仕入先から調達するルールを運用している。

   例②：新規のサプライヤーを常時探索しており、毎年〇件程度の新規取引先を開拓している。

5. 材料の発注のタイミングや発注量を適切に保つために、社内にどのようなルール・仕組みがあるか。

   〈解説〉　過剰在庫や、逆に在庫の欠品が多い等の問題を抱えている企業では、発注のタイミングや発注量を決定するルール・仕組みがなく、担当者の勘や従来の慣行で決められているケースが多くあります。材料回転期間や商品回転期間といった定量分析の結果も踏まえて、実際に工場や倉庫を見学したり、担当者に対して欠品の有無を質問したりすることで、在庫管理が弱み（問題）になっていないかを確認する必要があります。

【製　　造】

1．5S（整理・整頓・製造・清潔・躾）が徹底できているか。

2．不良率、作業能率、稼働率はどの程度の水準か。これらの指標は見える化ができているか。

　〈解説〉　管理の行き届いた工場を見学すると、「○月の不良率・能率・稼働率」といったグラフが壁に貼付されているのをみることがあります。不良率を見える化できているということは、材料をどれだけ払い出して、そのうち不良品がどれだけ出たかをしっかり捕捉できている、在庫の受払管理ができているといえます。また、作業能率や稼働率を見える化できているということは、"標準的な作業時間・稼働時間はこれくらいだろう"という指針をもっているといえます。そのため、これらの指標が見える化できている企業は、先月の製造現場の活動がよかったのか・悪かったのかを判断する基準をもっているといえます。逆にいえば、これらの指標がみえておらず、製造現場がごちゃごちゃしているような企業は問題を抱えているが、その問題がみえていないというケースが多いので、現場コンサルタントの紹介等がソリューションになりうるでしょう。

3．製造人員のスキルの高さと幅はどうか。

　〈解説〉　スキルの高さは、経験効果（第3章第2節第3項）で紹介したように、手作業を主体とした製造工程では特に重要になります。また、スキルの幅とは、例えばXさんはA機械もB機械も操作できるが、YさんはB機械しか操作できないといったように、対応できる業務範囲を指します。スキルの幅が広ければ他の工程・機械を担当することで、効率的な生産が可能になり、QCDのうちのCostとDeliveryで強みになりえます。スキルの幅を広げる取組みとして、ジョブローテーションや社内研修等がなされているかも確認しましょう。

4．保有設備に競合との差（高価・最新鋭の設備等）はあるか。

5．生産管理においてどのような課題を抱えているか。

〈解説〉　生産管理とは、工場のQCDを最適化するために、生産計画を立てて工程管理（進捗管理）を行うほか、在庫管理、原価管理などの生産活動全般にかかわる管理業務を指します。製造業の組織図には、必ずといっていいほど生産管理部や生産管理課がありますが、生産管理部門はいわば工場の司令塔です。生産活動全般に関して司令塔の役割を担っているため、生産管理部門にヒアリングすることで、その工場の強みや問題についての理解が深まるでしょう。

【出荷物流】

1．在庫量は適切か。長期滞留している在庫や、欠品による機会ロスは発生していないか。
2．受注〜出荷準備（ピッキング・パッキング）〜出荷までのフローは滞りなく流れているか。
3．効率的で低コストな輸送手段が選定されているか。

〈解説〉　出荷物流は、QCDのうち主にCostとDeliveryに影響する活動になります。品揃えが多い企業、配送頻度が高い企業、配送エリアが広い企業や売上高運送費率の高い企業（商品の販売価格に比して、重量が重い、容積が大きい商品を扱っている企業）では、在庫の保管・運送にかかわるコストが多額になるため、出荷物流を適切に管理する必要があります。

　また、このような特性がある企業では、物流管理部・課といった組織が配置されているかどうかも確認しましょう。

【販　　売】

1．営業組織はどのような体制になっており、営業担当者の役割はどの

ように決められているか。

〈解説〉　組織図（第1章第1節）で紹介したように、営業組織をエリア別、顧客業界別、商品群別など、どのように分けているのか、営業担当者の役割（新規開拓の有無、既存顧客の担当数等）はどうなっているのかを確認します。

2．ターゲット顧客・重要顧客を適切な基準で選定し、営業方針は現場に落とし込まれているか。

〈解説〉　売上は多いが利益が少ない顧客や、市場で負けつつある既存顧客など、重要度の低い顧客にいつまでもしがみついている場合は注意が必要です。また、ターゲット顧客・重要顧客を適切に設定しても、営業現場で本部の方針が骨抜きにされ、利益の出ない顧客や営業担当者をかわいがってくれる顧客ばかりを訪問したり、営業担当者にとっては売りやすいが、利益の出ない商品ばかりを販売したりしているケースがあります。

3．営業活動が個人の経験と勘頼りになっていないか。

〈解説〉　中小企業等では、営業担当者が個人商店のように動いており、情報共有・情報連携ができていないというケースが多くあります。営業プロセスを標準化し、どの営業担当者でも一定のレベルの営業活動ができるような取組み（※）がなされているかを確認します。

※：営業ツール（カタログ、パンフレット）を揃えたり、営業トークスクリプト（商談マニュアル）を整備したりして、営業担当者の行動管理を行い、重点顧客を攻めているかを確認する等があげられます。

4．間接業務に忙殺されていないか。

〈解説〉　皆さんも非常にイメージしやすいと思いますが、営業担当者の仕事は、商談・企画書・見積書の作成といった直接売上に結び付く業務（付加価値活動）だけではなく、社内報告資料の作成、伝票起票、顧客からの問合せ・クレーム対応、移動といった間接業務（非付加価値活動）もあります。間接業務に割かれる時間が多いほど、営業力が

削がれてしまうことになってしまうため、このような場合には活動内容を見える化して間接業務をなくしたり、他の部署へ業務の振り分けをしたり、間接業務を担う人員（営業事務と呼ばれることが多い）を増員したりといった対応ができないか検討する必要があります。

5. 値決め・値引き・返品等、利益に直接影響する活動が営業担当者に一任されていないか。

6. 評価基準は適切か（売上だけが評価対象になっているなど）。

■ 第2項　ビジネスインフラ等のチェックポイント

　次に、ビジネスインフラ等のチェックポイントとして、経営管理・IT、人事労務、組織構造（7ＳのStructure）の強みと弱みを把握するための視点を紹介します。金融機関が実施する事業性評価においては、ビジネスプロセスに比重を置いて確認・ヒアリングし、ビジネスインフラ等については割と軽く確認しているだけというケースが多い印象を受けますが、中小企業等ではビジネスインフラにこそ多くの課題が隠れています。理由としては、資金も人材も限られるなかで管理部門に経営資源を割く余裕がないことや、創業〜小規模経営の頃は経営者の目が届く範囲で事業が円滑に回っていたために、小規模経営から脱したあとも管理体制が強化されず、昔のままの人員・管理レベルが放置されていることなどが考えられます。

　ビジネスインフラ等は、企業の強みになっているケースよりは、弱みになっているケースが多いため、以下では主に弱みを把握するための視点を中心に紹介します。

【経営管理・IT】

1. （販売前・受注前のタイミングで）適正な原価を試算して販売価格を決定しているか。（販売後のタイミングで）製品別・顧客別の採算や、部門別・事業別の採算など、収益・費用を適切な粒度で把握できてい

るか。

〈解説〉　卸売業や小売業では採算管理ができている企業が多いですが、製造業や建設業など、社内で製造・施工等の製造原価が発生する企業では、適正な原価の試算や原価実績の把握ができておらず、結果として製品別・顧客別の採算がとれていないケースが多くあります。筆者の感覚ですが、8割以上の企業はここに問題を抱えています。

2．予算を策定し、月次（または週次）で予算と実績の管理ができているか。

〈解説〉　予算は策定しているが、月次でPDCAが回せていない企業が多く、このような場合、「売上予算が未達なのは毎年の恒例行事」「経費予算を超過しても特に誰も問題としない」といった緩い組織になってしまいます。

3．ITを活用し、効率的な事業運営ができているか。

〈解説〉　組織図（第1章第1節）で紹介したように、管理部門の人員が多すぎる企業や、管理・製造・営業の各現場で紙の資料があらゆる場面で使用されている企業であれば、IT活用による業務効率の改善が期待できます。

以上、経営管理とITについて紹介しましたが、これらの項目は、経営者に質問して答えてもらうよりも、現物を確認するほうがより強い心証を得られます。例えば、月次の業績管理資料をみせてもらうことで、そもそもその資料はどのような目的で作成しているのか、システムから簡易に出力されるものか、それとも手作業で情報をかき集めて作成するものか、どのような数値・指標をどのような切り口と粒度で管理しているのか（していないのか）を知り、その企業の経営管理レベルを知ることができます。業績管理資料はなかなか開示してもらえないという声をよく聞きますが、これまで説明してきたステップを踏んでいけば、情報開示のハードルも低くなります。是非トライしてみましょう。

1．従業員の定着率に問題はないか。

〈解説〉 定着率が低い企業では、以下の2．採用〜3．育成〜4．職場環境〜5．評価のどこかに問題があります。採用にコストをかけ、育成にコストをかけたのに、短期間で退職者を多く出す企業は、そうでない企業と比べると収益面でもコストの面でも大きく差をつけられてしまいます。また、今後は採用環境がいっそう厳しくなるため、定着率が低い企業は注意が必要です。

2．求める人材の質・人数等を定めて、それに合った採用チャネルを活用できているか。

〈解説〉 採用チャネルを最適化することで応募状況が改善することもあります。多くの地域金融機関は、関連会社で人材紹介サービスを提供していると思いますので、現在の採用チャネルを確認してソリューション提案につなげることが期待できます。

3．企業にとって重要なスキル（技術、知識、資格等）を明確にし、それを向上させるための機会を提供しているか。

〈解説〉 面談等を実施して各従業員に期待するスキルを明示し、スキル向上のために社内資格やジョブローテーション、外部研修への参加などの機会を提供しているか。

4．職場環境を改善するために、従業員や退職者の意見を吸い上げる仕組みがあるか。

〈解説〉 退職者は何らかの不満があって辞めるケースが多いため、退職面談等で改善点を把握することも必要です。定期的にES調査（従業員満足度調査）等を実施することも考えられます。

5．人事評価の内容が従業員に周知され理解されているか。その内容は、企業のビジョンや経営目標とリンクしているか。

〈解説〉 人事評価と聞くと、従業員にとっては"給与や昇給・昇格"が

真っ先にイメージされますが、経営者にとっての人事評価は"こういう人材を求めている・こういう人材になってほしい"という従業員に対するメッセージになります。求める人材のメッセージであるため、その内容はビジョンや経営目標とリンクしなければなりません。また、評価項目を明らかにすることで不透明感や不公平感を排除することができます。人事制度についても、金融機関の関連会社でサービスを提供していることもあるかと思いますので、しっかりと問題点を把握することでソリューション提案につなげることが期待できます。

【組織構造】

1. 職務権限と職務分掌は適切に決められているか。

〈解説〉 職務権限とは、例えば「課長の権限と責任はここまで。部長の権限と責任はここまで。これ以上は社長決裁が必要」というように、職階ごとの役割分担を決めることをいいます。組織図のタテ方向の役割分担とイメージしてください。

一方、職務分掌とは、組織図のヨコ方向の役割分担になります。製造部の業務範囲、営業部の業務範囲など、各部門の役割・責任範囲を定めることをいいます。

職務権限が曖昧な企業では、営業担当者が勝手に大幅値引きで販売するといった問題や、購買担当者が（よかれと思って）仕入コストを抑えるために大量発注するといったことが起きます。これとは逆に、少額な意思決定にも社長決裁が必要な企業では従業員がなかなか育ちません。

職務分掌が曖昧な企業では、業務の押し付け合いが発生したり、管理すべき業務が抜け落ちたりといった問題が発生します。

大企業では「職務権限規程」や「職務分掌規程」が整備されていることがほとんどですが、中小企業等ではこのような規程までは作らな

くとも、口頭や定常業務等でしっかりと意識づけられているかどうか
が重要になります。

2. 部門間の情報連携や、従業員間のコミュニケーションはとれている
か。

〈解説〉　部門間の情報連携、例えば営業⇔製造⇔開発（設計）間で情
報共有が不足しているために、売れ筋製品が不足したり、売れない製
品を大量に抱え込んだり、市場ニーズに合わない製品を開発したりと
いった問題が発生します。どのような会議体があるかを確認し、製販
会議などの部門をまたがった情報共有がされているかを確認します。

　また、従業員間のコミュニケーションが不足していると、【販売】
で紹介したように個人商店化するおそれや、【人事労務】に関する職
場環境に悪影響を与えるおそれがあります。

第3節　ケーススタディ：酒類卸売業M社の新事業展開

　第1節では内部環境分析（定性分析）の手法としてバリューチェーンとマッキンゼーの7Sを紹介し、第2節でこれらの要素のいくつかについてチェックポイントを紹介してきました。本節では、具体例をあげて定性分析を実施するプロセスを紹介します。

　M社は北海道で酒類の卸売業を営んでおり、近隣の飲食店や小売店に酒類や米等を販売しています。過去に8億円あった年商は近年減少傾向にあることから、3年前に新規事業として食料品の卸販売を開始しました。

　経営陣としては、既存顧客に対して酒類だけを販売するのではなく、食料品も販売することができると期待して事業をスタートしたのですが、3年経っても食料品の売上は一向に伸びません。

　地域金融機関担当者の五十嵐さんは、食料品売上が伸びないM社に対して、当初は顧客紹介（ビジネスマッチング）や、食料品卸業営業経験者の人材紹介をソリューション提案しようと考えていましたが、その前に内部環境分析（定性分析）を実施してみることにしました。

　五十嵐さんは、まず、バリューチェーンを分析することにしました。結果は以下のとおりです。

販売	営業担当者はこれまで酒類を扱ってきたため、酒類についての知識や顧客の好みは熟知している。一方、新事業の食料品には商品種類が膨大にあり、商品知識は各自で覚え込んでいく必要がある。M社から商品知識を高めるための勉強会等のバックアップはない。
人事労務	営業所長の人事評価は、部門別P/Lの売上・営業利益が重視される。所長にとっては、売りにくい食料品ではなく、慣れ親しんだ酒類

	で売上を作るほうが予算を達成しやすいため、営業担当者には酒類に注力して販売するように指示している。
経営管理	予算については、部門別P/Lで営業所ごとに売上予算・営業利益予算が設定され、毎月予算達成状況をチェックしている。ただし、酒類売上予算、食料品売上予算というように、売上予算の内訳は設定しておらず、合計売上で予算を達成すればよいという管理しかできていない。
出荷物流	酒類販売時は週に1回程度の配送頻度だったものが、食料品は週1〜3回となるため、オペレーションに非効率が発生している。

　五十嵐さんは以上のようにバリューチェーン分析を終えて問題を整理した結果、どうやら営業所長や営業担当者などの個々人に問題があるのではなく、組織や仕組みに問題があるのではないかと考えました。そこで、もう少し視野を広げて、組織構造（マッキンゼーの7SのStructure）の観点からも考察するとともに、食品卸業界の業界構造（5Forces分析）を踏まえて、どのような戦略で参入する判断をしたのかを追加調査することにしました。

　追加調査の結果は以下のとおりです。

組織構造	新規事業であるにもかかわらず、担い手を既存部門（営業所）のなかに位置づけ、収益責任を負う営業所長の指揮命令系統下で食料品卸事業を"ついでに"展開している。本来、会社として新規事業を育てる意思があるのであれば、既存の収益部門に位置づけるのではなく、社長直轄部門などに位置づけるべきである。
戦略	食料品卸売業は、三菱食品・国分・日本アクセスなどの2兆円規模のプレイヤーがひしめくレッド・オーシャンと考えられる。事業進出にあたって自社の優位性・強みに対する分析・考察がなく、販売シナジー（第3章第2節第3項、範囲の経済性を参照）が効くという理由だけで進出している。

　このように、定性分析を実施した結果、内部環境の至るところに問題があることがわかりました。M社の場合は営業担当者や営業所長に問題があったわけではなく、新規事業を生み育てる難しさを理解できていなかった経営陣に問題があったといえます。

五十嵐さんの定性分析によって問題点が明らかになったM社は、現在、一つひとつの課題に取り組んでいます。「ビジネスマッチング」や「営業人材の紹介」が、ソリューションとしていかに浅はかだったかご理解いただけたのではないでしょうか。

　本書で何度かお伝えしていますが、五十嵐さんが、企業の事業活動と、そこで働く従業員（営業所長や営業担当者）の日々の活動をリアルに把握できたことが、事業性評価の成功に結び付いた事例といえます。

第6章

経営方針を確認する

図表6－1　経営方針を確認する

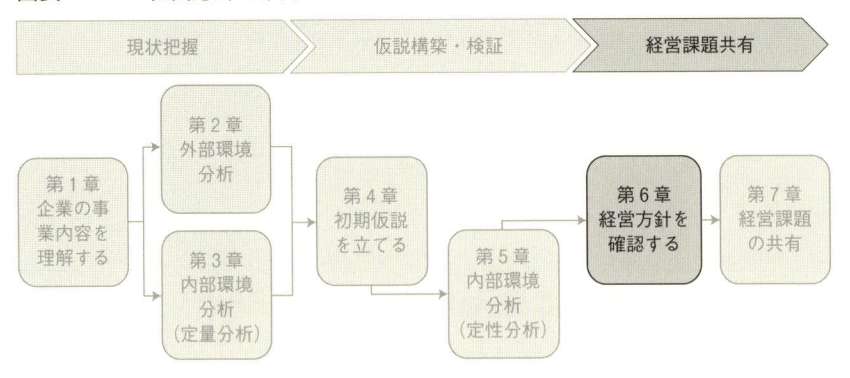

　第1章から第5章までは、過去〜現在の事業を分析してきましたが、本章は、将来に向けた経営方針を確認し、検討するステップになります。

　将来に向けた経営方針を確認する目的は2つあります。1つは、融資やソリューション提案等、地域金融機関にとってのビジネス機会を先手、先手で把握すること、もう1つは、対象企業の進むべき方向が間違っていないか、将来どのような経営課題が発生しそうかを第三者の目線で検討することにあります。将来の経営方針について経営者が既に構想をもっているのに、地域金融機関としてそこに口を挟むのははばかられると感じるかもしれませんが、経営者の構想を鵜呑みにするだけではなく、外部環境や内部環境の分析結果に照らして将来課題になりそうなテーマを協議することで経営者の信頼を獲得することができます。

　一方、将来に向けた経営方針について、経営者が構想をもっていない場合、どの方向に進めばよいか経営者が悩んでいる場合にも、経営者と一緒に検討することで、"頼りになる金融機関"と思ってもらえます。

　いずれにしても、皆さんが経営者と将来に向けた経営方針について議論するためには、ドメイン（事業領域）を考えるためのフレームワークや、そのドメインでどのように戦っていくのか（価値基準）を考えるためのフレームワークを知っておくことが有用です。そこで、第1節では、ドメインを考え

るためのフレームワークとして、アンゾフの成長マトリックス、インダスト
リーバリューチェーン、デコンストラクションを紹介し、第2節では、価値
基準を考えるためのフレームワークとしてポジショニングの3つの軸を紹介
します。

第1節　ドメイン（事業領域）を検討する

■ 第1項　アンゾフの成長マトリックス

アンゾフの成長マトリックスとは、市場軸と製品軸という2つの軸を設け、さらにその2つの軸をそれぞれ「既存」と「新規」に分けて表現したマトリックスで、事業の成長の方向性を検討するためのフレームワークになります（図表6－2）。

(1)　市場浸透

図表6－2の左上の「市場浸透」とは、既存製品・既存市場（＝現在の事業領域）をさらに深掘りしていく方向で成長を志向することをいいます。顧客の購買頻度やリピート率を高める、あるいは、購買点数や購買単価を高めるための施策を検討します。

なお、多くの場合、市場浸透戦略が将来に向けた経営方針の中心に据えら

図表6－2　アンゾフの成長マトリックス

		製品	
		既存	新規
市場	既存	**市場浸透** ＝既存の製品・市場を深掘りする。 例： ・既存顧客の購買頻度を上げる取組みをする。 ・商圏内で新規顧客を開拓する（市場＝商圏と定義した場合）。	**新製品開発** ＝既存の顧客に新製品を販売する。 例：既存の顧客に、酒類以外に食料品を販売する（M社の事例）。
	新規	**新市場開拓** ＝既存製品を新しい市場（新しい顧客セグメント）に販売する。 例：営業所を新設し、商圏を広げる。	**多角化** ＝新製品を新市場に販売する。 例：フィットネスジム事業を開始する。

図表1−6　事業構造分析サンプル（再掲）

事業構造【製品・サービス】

事業 （製品・サービス）	売上 構成比（%）	売上高			粗利率（%）
		n−2期	n−1期	n期	n期
A製品群	○	××	××	××	○
B製品群	○	××	××	××	○
C製品群	○	××	××	××	○

事業構造【顧客・市場】

顧客・市場	売上 構成比（%）	売上高			粗利率（%）
		n−2期	n−1期	n期	n期
○○業界	○	××	××	××	○
△△業界	○	××	××	××	○
××業界	○	××	××	××	○

れると思いますが、「○年後に売上高を○円にしたい、営業利益率を○％に
したい」というように、P/L全体の数値を把握するだけでは不十分です。皆
さんは既に事業構造分析（第1章第2節）の観点で事業を分解できているの
で、将来に向けた経営方針を確認する際も、製品軸・顧客軸単位で把握する
必要があります（図表1−6）。

　製品軸・顧客軸の方針について具体的な数値目標がなければ、例えばA製
品群の売上は〈拡大・維持・縮小〉の方針、○○業界の利益率は〈改善・維
持〉の方針というように、定性的に把握するだけでもかまいません。これだ
けでも、P/L全体の数値しか把握していない場合に比べて、将来の方向性を
クリアにみることが可能です。

(2)　新製品開発

　図表6−2の右上の「新製品開発」とは、既存市場（既存の顧客）にこれ
までとは別の製品・サービスを提供する方向で成長を志向することをいいま
す。例えば、病院向けのリネン類クリーニングサービス事業を展開している

業者が、同じ病院向けに別のサービスを展開する（病院向けの給食サービスを展開する、あるいは、病院向けの清掃受託サービスを展開する）といった例があげられます。前章第3節のケーススタディで登場した酒類卸売業M社の事例がこれに当てはまります。

　顧客接点に強みをもっている場合（物流網や営業ネットワークなどの経営資源をもっている場合）、同じルートに別のサービスを乗せることで、少ない追加コストで収益獲得のチャンスが生まれます。

(3)　新市場開拓

　図表6−2の左下の「新市場開拓」とは、既存製品をこれまでとは別の顧客セグメントに展開することをいいます。新市場とは、地理的に新しいエリア（例えば海外市場）という意味だけではなく、新しい顧客像（例：女性向けエステサロンを展開している会社が、男性向けエステを展開する）といった意味も含まれます。

　既存の製品（技術）に強みをもっている会社が、その強みを活かして横展開するものとイメージしてください。

(4)　多角化

　最後に図表6−2の右下の「多角化」とは、これまでとは別の製品を新しい市場に展開することです。多角化は(2)新製品開発、(3)新市場開拓と違い、既存の強みを活かしにくいためシナジーが生まれにくく、リスクの高い領域といわれます。

　以上、アンゾフの成長マトリックスについて、4つの成長戦略を説明してきました。この4つの成長戦略のうち、成功確率が高いのは市場浸透戦略になります。しかし、既存の事業をこのまま展開していても市場が縮小傾向にあり先が見通せないケースや、手詰まり型事業（第2章第2節第3項「アドバンテージマトリックス」参照）に分類され効果的な改善の打ち手が期待できないようなケースでは、このまま既存事業にしがみついていても、経営改善が期待できないことも考えられます。

　このような場合に、新たな成長機会を見つけるためのツールとして、アン

ゾフの成長マトリックスを検討すると視野が広がるかもしれません。その際、新製品開発・新市場開拓・多角化のうちいずれの方向で事業を展開していくべきかを考えるにあたっては、「自社の強みは何か」の検討で軸足を固め、「それを横展開できる領域はどちらか」を考えるという手順で検討してみてください。また、その際には、その戦略の方向性を採用したときには第3章第2節第3項「事業の経済性」で紹介した生産シナジー・販売シナジー・投資シナジー・経営シナジーのうちどのシナジーが効きそうかという観点からも検討する必要があります。

■ 第2項　インダストリーバリューチェーン

第5章第1節第1項で、自社のバリューチェーンについて紹介しましたが、インダストリーバリューチェーンとは、自社の扱っている製品・サービスが最終的にエンドユーザーに届くまでの商流全体を指します。図表6－3は、産業機械のバリューチェーンを例として図示したものです。

設計から始まって、加工→組立→塗装→販売という流れでエンドユーザーに製品が届けられ、販売後は補修・メンテナンスといった形でアフターサービスが提供されるとします。そして、「加工・組立」を自社が担い、「設計」は顧客が、「塗装」は外注先の塗装業者が、「販売」は卸会社が、「アフターサービス」はどこか別の会社が担っているとします。

自社の事業領域を所与として経営方針を考えると、「いかに加工・組立を低コストで行うか」や、アンゾフの成長マトリックスを駆使して「売上をいまより増やすには市場浸透・新市場開拓・新製品開拓・多角化のいずれの方向に進むべきか」といった視点になりますが、自社の事業領域の外に目を向

図表6－3　産業機械のバリューチェーン

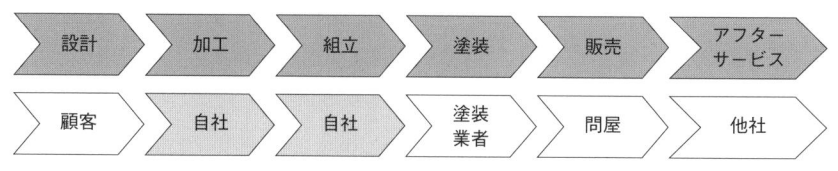

けると、例えば以下のような選択肢も浮かび上がってきます。

1. 設計は顧客が担っているが、自社も設計力を磨いて顧客に提案できれば、いまよりも利益率が高くなるのではないだろうか。

2. 塗装業は競争が少なく、自社が塗装まで手掛けることができれば、塗装工程の利益も取り込めるうえ、一貫生産対応が可能となり、顧客にとって自社の魅力がより高まるのではないだろうか。塗装業者を買収できないだろうか。

3. アフターサービスはどこか別の会社が担っているようだが、当社の製品を最も熟知しているのは当社だし、卸会社と連携してアフターサービス事業を展開できないだろうか。

このように、既存の自社の事業だけでなく、自社の事業を含めた業界全体、上流から下流までに目を向けたときに、どこの分野が儲かっていそうか、その分野に自社が進出することが可能かといった点を検討することが、新たな成長機会を見つけるきっかけになります。

アンゾフの成長マトリックスは製品・市場という切り口から事業展開の方向性を検討するのに対し、インダストリーバリューチェーンは既存事業の上流〜下流という切り口から事業展開の方向性を検討するという違いがあります。しかし、既存の事業を一歩引いた視点から眺め、その周辺領域に新たな可能性がないかどうかを検討するという点で共通します。

既存事業がジリ貧の場合には、事業ドメインの検討が特に重要な視点になります。この場合には、外部環境分析も考慮して、"そもそも戦う場所はここでいいのか"という視点に立ち戻って検討してみましょう。

■ 第3項　デコンストラクション

第2項でインダストリーバリューチェーンを紹介しましたが、本項で紹介するデコンストラクションは、インダストリーバリューチェーンの応用編という位置づけになります。

現在のバリューチェーンを破壊（Destruction）し、構築（Construction）す

図表6-4　デコンストラクションの4類型

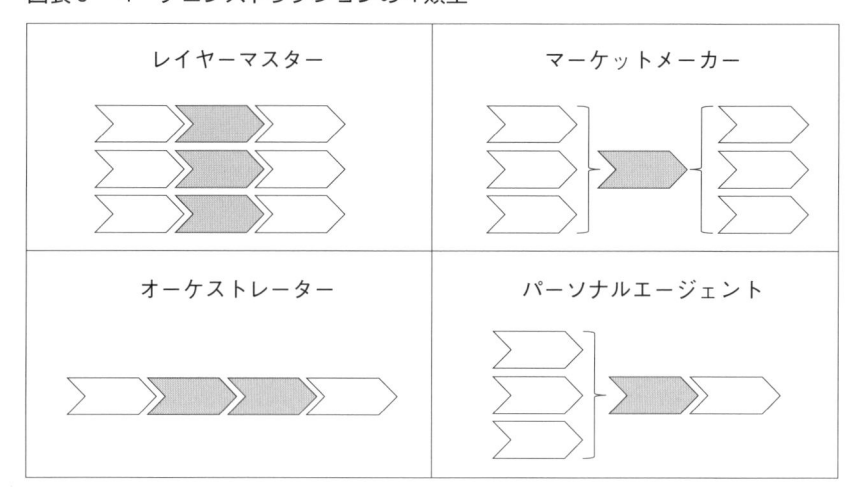

るという意味で、脱構築（Deconstruction）と呼ばれており、4つの類型が存在します（図表6-4）。

　以下で4類型について紹介しますが、デコンストラクションは、既存のバリューチェーンを破壊して再構築することになるため、実際に採用しようとするとかなりドラスティックな改革が必要になります。事業性評価の局面でデコンストラクションがテーマにあがることはおそらくないと思いますので、以下の4類型は頭の体操程度に読み流していただいてかまいません。

(1)　レイヤーマスター

　レイヤーマスターとは、バリューチェーンのなかの特定の活動（レイヤー）に特化し、そこでの優位性（品質やコスト）に磨きをかけていくプレイヤーを指します。半導体ファウンドリのTSMCや、マイクロソフトのOSがレイヤーマスターの事例としてあげられます。

(2)　マーケットメーカー

　マーケットメーカーとは、既存のバリューチェーンで非効率になっている部分に着目し、バリューチェーンに割って入って新たな市場を構築するプレイヤーを指し、プラットフォーマーとも呼ばれます。Amazon、楽天等の

EC市場のプラットフォーマーや、不動産情報のsuumo、結婚情報のゼクシィ等が該当します。

(3) オーケストレーター

オーケストレーターとは、自社は得意領域に特化しながら、バリューチェーン全体をオーケストラの指揮者のようにコントロールするプレイヤーを指します。日本の自動車メーカーは、開発と完成車製造に特化し、部品製造は協力工場に、流通はディーラーに委託していますが、バリューチェーン全体をコントロールする支配力を有しているため、オーケストレーターといえるでしょう。私見ですが、日本の自動車メーカーやAppleなど、かなり支配力の強い企業のみがとれる戦略なので、中小企業等にはあまり向かないと考えます。

(4) パーソナルエージェント

パーソナルエージェントは顧客の立場に立って、数多ある仕入先のなかから最適な商品・サービスを提供するプレイヤーを指します。"かかりつけ医"や"コンサルティング"をイメージしてください。事例としては、ほけんの窓口や、キーエンスのビジネスモデルが該当するといえるでしょう。

簡単ですが、デコンストラクションの紹介は以上です。アンゾフの成長マトリックスやインダストリーバリューチェーンが、"既存の事業領域から一歩引いて事業を眺める"のに役立つツールだとすると、デコンストラクションは、"既存の産業から一歩引いて産業構造を眺める"のに役立つツールといえます。例えば、半導体やPC業界はレイヤーマスターが業界の主要なプレイヤーになっている一方で、自動車業界はオーケストレーターが主要なプレイヤーになっています。それがなぜかを知ることは、さまざまな業界が今後どのように変遷していくのかを考える際のヒントになります。興味のある方はぜひ調べてみてください。

第 **2** 節　ポジショニングの3つの軸

　第1節では、経営方針のうち、"どこで戦うか"を考えるためのフレームワークとして、アンゾフの成長マトリックス、インダストリーバリューチェーン、デコンストラクションを紹介しました。第2節では、バリューチェーン（第5章第1節第1項）で把握した企業の強みをビジネスモデルにどう活かすか、すなわち、"どのように戦うか"を考える材料として、ポジショニングの3つの軸を紹介します。

　これから紹介する3つの軸は、「ナンバーワン企業の法則～勝者が選んだポジショニング」（マイケル・トレーシー&フレッド・ウィアセーマ、日経ビジネス人文庫、2003年7月）で提唱されている考え方です。同著は、80社の調査に基づいて、企業が成功するには以下の3つの類型のいずれかを選択しなければならないと主張しています。

1．オペレーショナル・エクセレンス（以下、「オペレーション軸」）
2．製品のリーダーシップ（以下、「製品軸」）
3．カスタマー・インティマシー（intimacy：親密）（以下、「顧客軸」）
それぞれ順に紹介します。

(1)　オペレーション軸

　オペレーション軸を選択する企業は、顧客に対して低価格で迅速なサービスを提供することを最も重視します。低価格で迅速なサービスを提供するために、社内においてはコスト管理を徹底し、業務フローや経営資源を標準化することで効率的な業務運営を行える仕組みを構築することが成功要因になります。たとえるなら、大手回転寿司チェーンがイメージしやすいでしょう。品質についてはのちに紹介する製品軸や顧客軸に比べて劣るかもしれませんが、低価格が顧客への訴求ポイントになっています。また、座席予約から始まって、注文→提供→精算→支払いまでの流れがスムーズに設計されており、顧客が店を出るまでのすべての段階において迅速なサービスを提供し

ています。

⑵ 製品軸

　製品軸を重視する企業は、顧客に対して高品質なサービスや、最新の技術を提供することに価値を置きます。先ほど同様、寿司屋でたとえるなら1人何万円もする銀座の高級寿司屋をイメージしてください。

⑶ 顧客軸

　顧客軸を重視する企業は、顧客一人ひとりのニーズを深く理解し、オンリーワンのサービスを提供することに価値を置きます。寿司屋でたとえるなら、近所のなじみの寿司屋というところでしょうか。顧客の好き嫌いを熟知し、メニューにない商品を作ってくれたり、よいネタが入荷すると連絡をくれたりといった、個々の顧客にカスタマイズされたサービスを提供してくれます。

　これら3つの軸と寿司屋の例は、図表6−5のようなマトリックスで表されます。

　マトリックス内の△○◎は、何に秀でているかを筆者が恣意的に記入したものですが、大きく外してはいないと思います。マトリックスで重要なのは、どの軸を重視するとしても、その他の軸で×があってはいけないという点と、どれか1つ◎を目指すべきという点です。×がついてしまうと、たとえ他の軸でどれだけ秀でていても、顧客の不満が勝ってしまうため、オペレーション軸・製品軸・顧客軸のいずれについても、最低限必要な水準は維持する必要があります。また、◎がどこにもないと、秀でた特徴のない中途

図表6−5　3軸マトリックス例

	回転寿司 チェーン	銀座の 高級寿司屋	なじみの 寿司屋
オペレーション軸	◎	△	△
製品軸	△	◎	○
顧客軸	△	○	◎

半端なポジショニングとなり、価格競争に巻き込まれてしまうリスクが高くなります。バリューチェーンで把握した企業の強みと市場の特性を考慮して、どの軸を伸ばしていくべきかを経営者と協議しましょう。

　以上、ポジショニングの3つの軸について紹介してきましたが、3つの軸のなかでも特に誤解の多いオペレーション軸について、もう少し紹介したいと思います。

　オペレーション軸というと、「低コスト・低価格を志向すること」、そのためには「仕入コストをできるだけ低減すること」や、「製造コストを下げるために人件費の安い海外で生産すること」「製造工程を自動化すること」などと、短絡的にバリューチェーンの個々の機能に着目して捉えてしまいがちですが、実際には個々の機能ごとではなく、全体の機能（バリュー）を鎖（チェーン）でつなぎ合わせるように業務を設計していく必要があります。オペレーション軸をより深く理解するための題材として、①先にあげた回転寿司チェーンを含む大手飲食チェーンの事例と、②サウスウエスト航空の事例を紹介します。

オペレーション軸の例① 飲食チェーン

　オペレーション軸の成功要因の1つであるコスト管理の徹底については理解しやすいと思いますが、もう1つの成功要因である業務フローや経営資源の標準化はイメージが難しいと思いますので、飲食チェーン全般のバリューチェーンを例にとって説明します。

　「業務フローや経営資源の標準化」とは、購買→製造→在庫管理→販売（店舗運営）といった一連の流れ（業務フロー）を効率的に、低コストで運用できるように社内の仕組みを構築することを指します。飲食チェーン店では、本部による一括調達で材料を安く購入し（購買機能の標準化）、セントラルキッチンで下処理を行い（製造機能の標準化）、どの店舗も同じ設備を導入することで店舗内での製造方法を統一し、本部に

在庫管理システムを導入することで適正在庫を保持し、接客対応マニュアルを整備することで習熟度の低いスタッフ（正社員より賃金水準の低いアルバイト・パートタイマー）でもオペレーションが行えるようにバリューチェーン全体が設計されています。本部による一元管理（経営資源の標準化）と、製造方法や接客対応のマニュアル化（業務フローの標準化）によって、企業活動のあらゆる局面で、低コストとオペレーションの効率化を志向しているといえます。

オペレーション軸の例② **サウスウエスト航空**

　ビジネスモデル関連の著書で頻繁に取り上げられ、LCC（格安航空会社）の先駆者といわれるサウスウエスト航空のビジネスモデルを紹介します。

　一般的に、航空会社は典型的な固定費型のコスト構造（第3章第2節第1項）になっており、利益を上げるためには固定費をいかに削減するか、売上をいかに増加させるかが重要になります。次に、売上を増加させせるには、販売単価を上げるか、販売数量を増加させるかのどちらかしかありませんが、サウスウエスト航空は「LCCの先駆者」といわれるように、販売単価はむしろ他社よりも引き下げる戦略を採用しました。つまり、固定費を削減し、販売数量を増加させることで、利益を維持しつつ、顧客に低価格で迅速なサービスを提供するモデルを確立したといえます。

　では、具体的にどのようにビジネスモデルを設計したのか、①低価格なサービスと固定費削減の背景、②迅速なサービス提供の背景、③販売数量を伸ばした背景の3つを紹介します。

(1)　**低価格なサービスと固定費削減の背景**

　他社よりも格安な航空運賃を提供するために、機内食の提供、航空券

の発券、座席指定サービスを廃止し、これらサービスにかかるコストを削減しました。また、機材をボーイング737に統一したことで、パイロットの訓練時間や整備士の点検時間にかかるコストを削減しました。さらに、清掃外注を利用せず、自社で機内清掃を行うことで外注コストも削減しました。

(2) 迅速なサービス提供の背景

当時は一般的だったハブ＆スポークシステム（最終目的地まで直行便を飛ばすのではなく、主要空港（ハブ空港）間を大型機で大量輸送し、ハブ空港から最終目的地（スポーク空港）へは乗り継ぎが必要なシステム）ではなく、ポイント・トゥ・ポイント（直行便）の路線を開拓しました。これにより、乗客は乗り継ぎ便を長い時間待つ必要もなくなり、手荷物のトラブルも少なくなります。また、手荷物預け入れを無料化することで、機内持ち込みが減少し、保安検査時間や機内混雑を減少させ、迅速なサービスの提供を可能にしました。

(3) 販売数量を伸ばした背景

機材をボーイング737に統一したことで整備士の点検時間が短縮され（経験効果、第3章第2節第3項「事業の経済性」参照）、前述したように機内混雑が減少した結果、機材が空港に着陸してから次の便として離陸するまでの時間（ターンアラウンドタイム）が短縮しました。着陸してすぐに離陸できるため、他社と比べて機材の稼働率（空を飛んでいる時間）を高い水準で維持できることになります。高稼働率を維持できる仕組みを整えたことと、低価格・迅速なサービスが顧客を惹きつけたことが相まって、他を圧倒する利益を生み出したのです。

このようにみていくと、企業の強みとは、バリューチェーンのどこか特定の機能（開発、製造、営業等）のみが優れているというだけでは不十分で、他の機能や経営資源も、その優れた機能を活かすために鎖のようにつながれている必要があることがわかります。マイケル・ポーターがバリュー

「チェーン」と名づけた意図も、ここにあるのではないでしょうか。

　さらにいうと、「全体を調整する」ためには一貫したコンセプト、マッキンゼーの７ＳでいうShared Valuesが必要になると考えられます。本節で紹介したポジショニングの３つの軸は、コンセプトを考えるにあたって示唆に富んだ見方を提供してくれるものと考えます。皆さんも、経営者と将来の経営方針を協議する際には、「現状の強みを踏まえて、当社はオペレーション軸、製品軸、顧客軸のいずれを重視すべきだろうか」「その軸を選択したときに、強みの機能を活かすために、他の機能や経営資源はチェーンでつながっているだろうか」という視点を意識するようにしてみましょう。

　最後に余談になりますが、本節で紹介したビジネスモデルやコンセプトについて興味がある方は、「ストーリーとしての競争戦略」（楠木建著、東洋経済新報社、2010年５月）から読まれることをお勧めします。

第 7 章

経営課題の共有

図表7-1　経営課題の共有

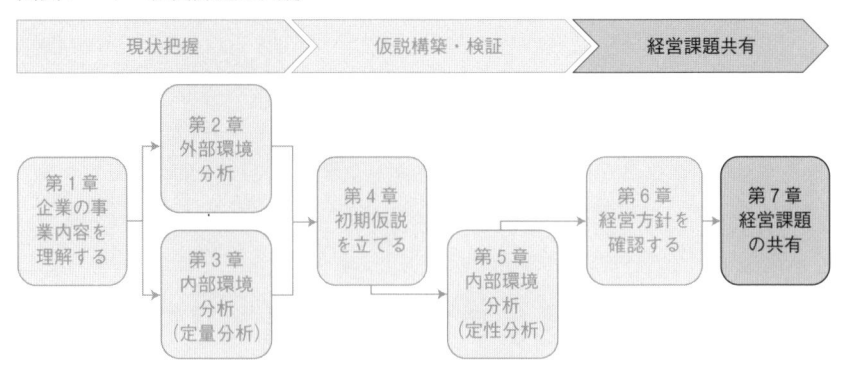

　いよいよ最終章になります。本章では、事業性評価のゴールである経営課題の共有について説明しますが、経営課題は第1章から第6章までの一連の手続を経てたどり着くものであり、本章で経営課題発見のための追加の手続やフレームワークを紹介することはありません。では、本章で何を説明するかですが、本章の概要を紹介する前に、地域金融機関が作成する事業性評価の報告書や報告内容について、筆者が感じている問題点を述べたいと思います。

　これまで紹介してきた分析手法・フレームワーク・確認ポイント（以下、「分析手法等」）、例えばPEST分析、5Forces分析、商流図やバリューチェーンなどは、皆さんも見聞きしたことがあるでしょうし、事業性評価の報告書にも標準フォーマットとして用意されているケースが多いと思います。筆者が感じている、そしておそらく報告書の受け手である経営者も感じている問題点は、それぞれの分析手法等が個別バラバラに実施され、分析プロセスと、結果である経営課題のつながりがみえない・みえにくいという点にあります。あるページに課題やメッセージが書かれていても、ページをめくるとまったく別のテーマで課題・メッセージが記載され、また次のページも……というように、すべてのテーマに対して浅く・広く・バラバラに触れられている報告書をたくさんみてきました。このような場合、担当者がどのような

仮説をもち、どのような分析プロセスを経て経営課題にたどり着いたのかが経営者からはわかりにくい、ストーリー性がない報告資料になってしまいます。

　このような報告になってしまう理由は2つあると考えています。1つは、これまで紹介してきた分析手法等や確認すべき項目は、「それ単独で経営課題にたどり着くものではなく、相互に関連し、補完しながら経営課題についての心証を形成していくものである」という理解が不足している点にあります。もう1つは、ある現場担当者が自嘲気味に話していたのですが、事業性評価の目的が、「事業の理解を深めて経営課題を共有すること」ではなく、「フォーマットの穴埋め作業という苦行を経て、出来合いのソリューション提案ページにたどり着くこと」になってしまっている点にあります。

　そこで、第1節では、これまで各章で紹介してきた分析手法等をおさらいし、他の分析手法等とどのような関係があるのかを図表形式で整理したいと思います。これによって、皆さんが事業性評価プロセスの全体像をより体系的に理解する助けになればと思います。次に第2節では、認識した経営課題をストーリーでつなげて経営者と共有するためのツールとして、戦略マップを紹介します。報告書をパワーポイントで何十ページも作成する必要がなく、A3用紙1枚で、経営課題とそこにたどり着くための思考プロセスを表現できるツールになっていますので、是非ご活用ください。

第1節 事業性評価プロセスの全体像の整理

　第1章第1節の「組織図を読む」から、第6章第2節の「ポジショニングの3つの軸」まで、多くの分析手法等を紹介してきましたが、それぞれの分析手法等の確認ポイント、他の分析手法等との関係を表形式で整理したのが図表7－2になります。

　このように整理すると、これまで紹介してきた分析手法等や確認すべき項目は、「それ単独で経営課題にたどり着くものではなく、相互に関連し、補完しながら経営課題についての心証を形成していくものである」ことがイメージいただけるかと思います。

　フレームワークや各種分析に慣れていない間は、"ところでこの分析って何のためにやっているんだっけ？"と迷子になることが多いと思いますが、そのような場合に図表7－2を確認し、事業性評価の全体像を整理しながら手続を進めていただければと思います。

図表7-2　事業性評価プロセスの全体像の整理

紹介した分析手法等と確認すべきポイント	関連テーマ
第1章　企業の事業内容を理解する	
組織図 ☑ どのような部門（機能）があるのか・ないのか ☑ どの部門が強み・弱みになりそうか ☑ 人員の配置状況や年齢構成、定着率	・バリューチェーン ・マッキンゼーの7S ・商流図
事業構造分析 ☑ 事業の特徴を理解するためには事業をどのように分解（製品軸・顧客軸）すればよいか ☑ 各事業の売上規模・推移や粗利率はどうか	すべてのテーマに関連
商流図 ☑ 業界全体のなかで自社はどのような位置づけにあるか ☑ 社内ではどのように業務が流れているか	・インダストリーバリューチェーン ・バリューチェーン ・組織図
第2章　外部環境分析	
PEST分析 ☑ 過去～現在、および将来のマクロ環境はどう変化し、自社にとっての機会・脅威は何が想定されるか	第6章　経営方針を確認する
5 Forces分析 ☑ 儲かりやすい業界かどうか ☑ 儲けの改善ポイントはどこにありそうか	第6章　経営方針を確認する
アドバンテージマトリックス ☑ 規模の経済が効きやすいか（規模型・特化型・分散型・手詰まり型） ☑ 規模の経済性以外にどのような打ち手が考えられるか	第6章　経営方針を確認する
市場規模の把握 ☑ ソースデータの探し方を理解し、初期仮説に活用する	第4章　初期仮説を立てる
業界平均指標 ☑ ソースデータの探し方を理解し、初期仮説に活用する	第4章　初期仮説を立てる

第3章　内部環境分析（定量分析）	
コスト構造分析（固変分解・主要コストの把握） ☑ 固定費型事業か変動費型事業か ☑ 収益性を改善するためには、変動費率・固定費率・稼働率のどこに着目すべきか	・第6章　経営方針を確認する ・業界平均指標比較
事業の経済性 ☑ 競合に対して優位性を築くためのコスト低減メカニズム（規模の経済性・範囲の経済性・経験効果・密度の経済性・ネットワーク外部性）のうち、自社にはどれが当てはまりそうか	第6章　経営方針を確認する
第4章　初期仮説を立てる	
売上・利益の推移把握 ☑ 市場の推移は拡大・横ばい・縮小のいずれか ☑ 市場規模と自社売上を比較したときに、自社は市場で勝っているのか負けているのか	・PEST分析 ・第6章　経営方針を確認する
業界平均指標比較 ☑ 自社の財務指標と業界平均値の差は、経営活動の巧拙によるものか、ビジネスモデルの違いによるものかの仮説を立てる ☑ 業界平均値との差は、どの指標（材料費率・労務費率・外注費率・経費率・販管費率・1人当り売上高・労働生産性等）で生じているか	・バリューチェーン ・コスト構造分析 ・商流図 ・5 Forces分析 ・マッキンゼーの7 S
第5章　内部環境分析（定性分析）	
バリューチェーン・マッキンゼーの7 S ☑ 業務の流れ（ビジネスプロセス）を理解する ☑ 定量面から立てた仮説（第4章）を定性面から検証する ☑ 強み・弱みをビジネスプロセス・ビジネスインフラに落とし込む	・売上・利益の推移把握 ・業界平均指標比較 ・組織図
第6章　経営方針を確認する	
アンゾフの成長マトリックス ☑ 業務の流れ（ビジネスプロセス）を理解する ☑ 強み・弱みをビジネスプロセス・ビジネスインフラ	・アドバンテージマトリックス ・売上・利益の推移

に落とし込む	把握 ・事業構造分析 ・事業の経済性 ・コスト構造分析
インダストリーバリューチェーン・デコンストラクション 　☑　業界の上流から下流までを見渡してドメインを検討 　　する	商流図
ポジショニングの3つの軸 　☑　オペレーション軸・製品軸・顧客軸のうち、どの価 　　値基準が自社の強みや市場特性（顧客ニーズ）と親和 　　性が高いかを検討する	・バリューチェーン ・マッキンゼーの 　7S ・5Forces分析（ス 　イッチングコス 　ト）

第 2 節　戦略マップ

　戦略マップとは、筆者が所属するアットストリームパートナーズ合同会社が地域金融機関向けの事業性評価研修プログラムで用いている、経営者と経営課題を共有するためのツールになります。バランスト・スコア・カード（以下、「BSC」）という言葉を聞いたことがあるかもしれませんが、戦略マップはBSCをベースに若干アレンジしたものになります。ここでは例として、アパレル企業の戦略マップを紹介します（図表7－3）。

　以下で戦略マップの構造をご紹介します。

(1)　ビジョン・経営理念、組織目標・中期経営計画

　自社のビジョン・経営理念を記載し、組織目標や中長期の経営計画を記載します。ここに記載された内容をもとに、理念や目標をどのように達成していくか、そのためにはどのような経営課題があるかを見える化したものが戦略マップになります。

(2)　成長性向上戦略・収益性向上戦略・効率性向上戦略

　図表7－3の横軸にある3つの戦略は、それぞれ以下のように理解してください。

・成長性向上戦略：売上高を拡大するためにどのような戦略を採用するか。事業構造分析の製品軸・顧客軸のどこをどう伸ばすか。ドメイン（事業領域。第6章）をどう設定するか。

・収益性向上戦略：利益率を改善するために、販売単価の改善やコスト削減をどのように図っていくか。

・効率性向上戦略：自社が保有している経営資源（棚卸資産、固定資産、人材等）を有効活用するにはどうすべきか。棚卸資産の回転期間や設備稼働率、1人当り売上高などを改善するためには何が必要か。

　このように、3つの戦略のどれを重視するかによって、個々の経営課題の重要度も変わってきます。経営者と協議する際も、売上拡大を目指すのか、

図表7-3　アパレル企業の戦略マップ

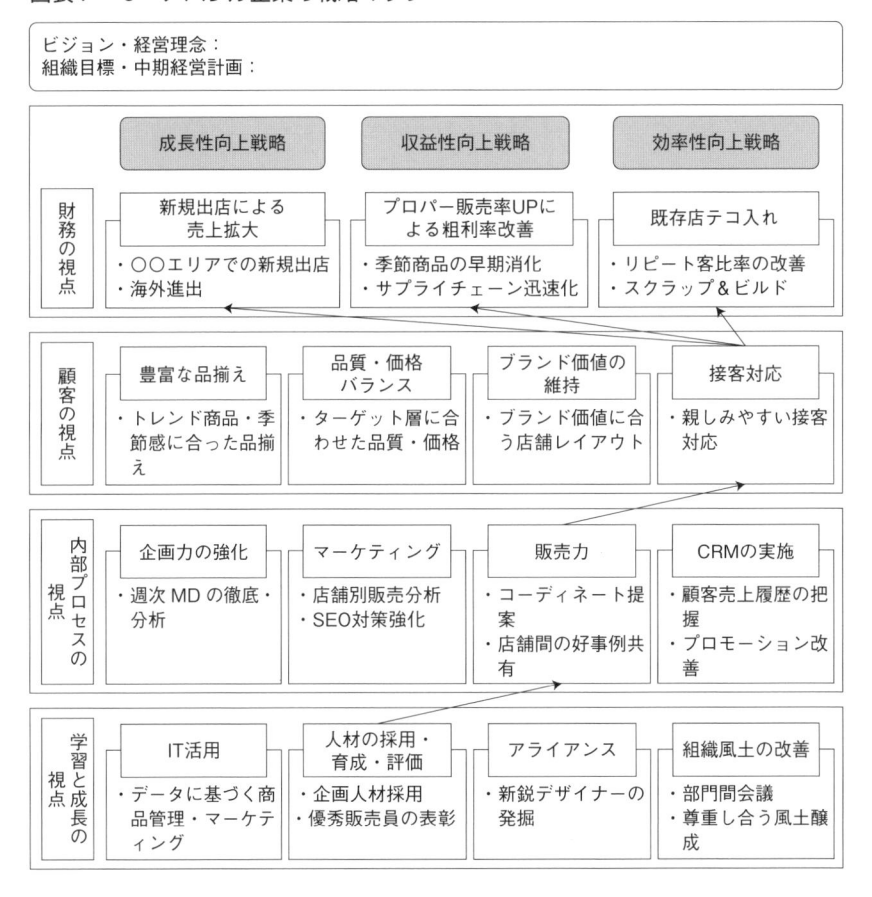

利益率改善を目指すのか、または売上や利益率といったP/L数値の直接的な改善よりも、設備稼働率や1人当り売上高などの経営資源の有効活用を重視するのか、というように3つに分類することで頭の整理がしやすくなります。

⑶　財務の視点・顧客の視点・内部プロセスの視点・学習と成長の視点

　図表の縦軸にある4つの視点はBSCを援用しています。BSCの詳細な説明は割愛しますが、簡単に紹介すると以下のような関係になります。

・財務の視点：中期目標を達成するためには、売上拡大や利益率改善などの数値目標を達成しなければなりません。中期目標を財務数値に落とし込んだものが財務の視点になります。財務の視点は“数値目標”と読み替えていただくと、ほかの3つの視点との関係を理解しやすくなります。

・顧客の視点：“数値目標”を達成するためには、顧客ニーズに合った商品・サービスを提供する必要があります。顧客がどのようなニーズをもっているかをしっかりと理解することが、ひいては“財務目標”の達成につながるという関係にあります。顧客の視点は、“顧客ニーズ”と読み替えてください。

・内部プロセスの視点：“顧客ニーズ”に合った商品・サービスを提供するためには、社内の各部門（開発、製造、営業等）がしっかりと機能する必要があります。これまで紹介してきたフレームワークに当てはめると、内部プロセスの視点は、“バリューチェーン”や“ビジネスプロセス”と読み替えていただくとイメージしやすいと思います。

・学習と成長の視点：“ビジネスプロセス”がしっかりと機能するためには、組織体制、人材、外部協力者との連携や情報基盤の整備などの社内インフラを整える必要があります。学習と成長の視点は、“組織の土台”“ビジネスインフラ”等に読み替えてください。

　以上のように整理すると、4つの視点の間の関係性がわかりやすくなります。4つの視点を上からみていくと、以下のような関係になります。

・組織目標・中期計画等の“数値目標”（財務の視点）を達成するためには、“顧客ニーズ”（顧客の視点）をしっかりと把握し、顧客ニーズに合ったサービスを提供すること。

・顧客ニーズに合ったサービスを提供するためには、社内の“ビジネスプロセス”（内部プロセスの視点）の各機能を強化すること。

・社内のビジネスプロセスを強化し、円滑に業務が流れるようにするためには、人材や組織構造などの“組織の土台”“ビジネスインフラ”（学習と成長の視点）を整備する必要があること。

今度は４つの視点を下からみてみましょう。図表７－３では、下から上に向かって矢印が伸びていますが、この矢印を例にとって説明します。人材の採用・育成・評価制度（学習と成長の視点）を整備することで販売力（内部プロセスの視点）が強化され、それによって親しみやすい接客対応という顧客ニーズ（顧客の視点）を満たし、結果として売上増（財務の視点）につながるという関係にあります。

　このように、BSCは数値目標だけではなく、顧客、社内プロセスや組織体制など、企業の置かれた環境を幅広い観点から捉えて事業戦略を検討し、経営課題を見える化するフレームワークといえます。

　図表７－４は、これまで紹介した戦略マップと分析手法等の関係を示したものです。

　このように、戦略マップはこれまで紹介してきた分析手法等をＡ３用紙１枚で包含できるものになっており、また、経営課題（戦略マップ内の各ボックス）を矢印でつなげることで、４つの視点から捉えた経営課題が組織目標・中期経営計画にどのように関連しているのかがわかりやすく、ストーリーとして説明できるようになります。

　本章の冒頭で、事業性評価報告書に関して、分析結果と経営課題とのつながりがみえにくいという問題提起をしましたが、筆者と同じ問題認識をもっていらっしゃる方は、是非戦略マップを使ってみてください。

図表７－４　戦略マップと分析手法等の関係

戦略マップ	分析手法等
組織目標・中期経営計画	・ドメイン（第６章） ・外部環境分析（定性・定量分析）
財務の視点	・内部環境分析（定量分析）
顧客の視点	・ポジショニングの３つの軸
内部プロセスの視点	・ビジネスプロセス
学習と成長の視点	・ビジネスインフラ

おわりに

　地域金融機関の担当者と話をすると、「経営者ともっと事業について話をしたいが、どういう視点で企業をみればよいのかがわからない・難しい」「行内に事業性評価ツールはあるが、作業負担が重いうえに、苦労して報告書を作ってもヒアリングした内容をまとめただけになってしまっており、経営者に刺さらない」という悩みを抱えている方が多いと感じます。筆者も駆け出しコンサルタントの頃は、フレームワークの海に溺れ、伝わらない報告書を作成していたので、このような悩みはよく理解しているつもりです。

　本書はそのような方に向けて、事業性評価のプロセスや各分析手法のつながりを理解していただくことに重きを置き、できるだけ具体的なケーススタディも織り交ぜながら紹介してきました。

　本書が皆さんの事業性評価に対する理解の一助になれば幸いですが、本書で紹介したプロセスはあくまで筆者が考える事業性評価プロセスの「型」を紹介したものにすぎません。定量分析が得意な方もいれば、数字を使った分析は苦手だけど、コミュニケーション能力は高く、定性分析を切り口にして課題を次々と発見できる方もいるでしょう。皆さんそれぞれの特徴（強み）を活かしつつ、弱みを本書で補っていただき、独自の「型」を体得していただければと思います。

　「社長と副社長の距離は、副社長と新入社員の距離よりも遠い」といわれるくらい、社長は孤独な環境で事業を運営しています。皆さんが事業性評価の「型」を体得し、自分なりのスタイルで事業性を評価し、経営者を伴走支援できるようになることを期待しています。

事項索引

*ページを示すノンブルのうち、**太字**は詳細を記述している箇所

著者略歴

末廣　健嗣　（すえひろ　たけし）

アットストリームパートナーズ合同会社　シニアマネージャー。

公認会計士。

京都大学農学部卒。京都監査法人（現、PwC Japan有限責任監査法人）、コンサルティング会社を経て2017年に株式会社アットストリームに入社。

2018年より現職。

金融機関向け事業性評価の支援業務のほか、中堅・中小企業の事業再生支援業務、上場企業の組織再編や、上場企業の地方子会社のMBO支援業務を担当。

仮説思考型・事業性評価のすすめ

2024年10月11日　第 1 刷発行

著　者　末　廣　健　嗣
発行者　加　藤　一　浩

〒160-8519　東京都新宿区南元町19
発 行 所　一般社団法人 金融財政事情研究会
出 版 部　TEL 03(3355)2251　FAX 03(3357)7416
販売受付　TEL 03(3358)2891　FAX 03(3358)0037
URL https://www.kinzai.jp/

校正：株式会社友人社／印刷：法規書籍印刷株式会社

ISBN978-4-322-14466-6